싱글의 심장
골프가 좋은 이유 101가지
파트1 | 서른세 가지 이유

초판 발행 2024년 8월 10일

지은이 | 류캉 / RYUKANG
발행인 | 신태식
디자인 | RYUKANG

발행처 | 도서출판 길위에서
출판신고 | 제 2023-000074 호
주소 | 경기도 용인시 기흥구 동백중앙로 191, 8층 에이치 807호
전자우편 | ontheroadpublish@gmail.com

© 류캉 / RYUKANG 2024

ISBN 979-11-983885-3-7

※ 이 책은 저작권법에 따라 보호받는 저작물이므로 무단 전재와 복제를 금지합니다. 책의 일부 또는 전부를 이용하려면 저작권자의 동의를 받아야 합니다.
※ 잘못된 책은 구입하신 곳에서 바꿔드리며, 책값은 뒤표지에 있습니다.

파트1 | 서른세 가지 이유
by 류 캉

싱글의 심장

차례

제 1 장
나

싱글의 심장 11
The beginning 18
대머리의 여전한 꿈 22
골프가 준 선물, 부끄러움의 정체 27
지금 34
위선의 습격 41
삶과 이별할 때 골프는 49
문신골프 오죽하면 그랬겠어 56
삶을 위한 골프, 골프를 위한 삶 63
은퇴 골프의 꿈. 대통령 골프 68
내 골프는 지금 어디에 74

제 2 장
너

Ai 시대. 골프가 뜰 수밖에 없는 이유   83
싱글은 쉽다. 싱글은 어렵다   88
92세, 92타   95
토목왕과 빡빡이   102
플랜 B, 슬리퍼 스윙   108
버디는 두 개만   112
첨 보는 분인데요?   122
올레 골프   131
영화관 조인골프   138
인연은 타원형   144
뭐? 골프 동호회?   151

제 3 장
우리

골프는 집행유예 161
최소한 백작 167
럭셔리 캐디 172
미국골퍼 한국 골프 적응기 179
운도 말라가는 한국 골프장 185
2030년 그린피? 194
조인골프 삼국지 201
영원한 파티. 우뚝 선 한국 골프 208
버블의 향기 215
천국열차 매표소 223
40대를 위하여 229

나

한도가 없는 이유 11가지 1-11

싱글의 심장
The beginning
대머리의 여전한 꿈
골프가 준 선물, 부끄러움의 정체
지금
위선의 습격
삶과 이별할 때 골프는
문산골프 오죽하면 그랬겠어
삶을 위한 골프, 골프를 위한 삶
은퇴 골프의 꿈, 대통령 골프
내 골프는 지금 어디에

싱글의 심장(Heart)

언제부터인가 엄시와 섬시를 비껴가세 접쳐 심장모양을 만들며 사진을 찍는 문화가 생겼습니다. 심장은 마음이고 사랑이기 때문이겠죠.

심장이 빨라지고 시간도 빨라지는 것 같았던 극도의 긴장 상태를 경험해 보셨는지요. 쥐의 심장은 매일, 평생 그렇게 빨리 뛴답니다. 또 반대로 치과에서 입을 있는 대로 벌리고 있는데 귀와 뼈를 타고 울려 퍼지는 모터소리와 뼈 갈리는 소리, 게다가 단백질이 타는 냄새까지... 시간은 왜 그렇게 천천히 흐르는지.... 쥐와는 반대로 코끼리의 시간은 치과의자에 앉아 있을 때처럼 천천히 흐른다고 합니다.

절대적인 시간의 속도는 같지만 코끼리의 시간이 쥐처럼 흐르면 너무 빨라 미치지 않고 견딜 수 없을 것이고 쥐의 시간이 코끼리처럼 흐른다면 쥐 또한 제정신이기 힘들 것이라고 합니다. 그만큼 둘의 시간은 다른 속도로 흐르는데, 그 이유는 심장 박동 속도와 연관이 있다고 합니다.

포유류는 심장이 대략 10억 번을 뛰고 나면 생명에서 해방돼 죽음으로 사라진다고 합니다. 심장의 최대 역할이 세포에 산소를 공급하는 것이니 그에 맞춰 호흡이 이루어집니다. 심장이 4번 뛸 때마다 호흡을 한 번 하는 포유류는 결국 2억 5천만 번의 숨을 쉬고 나면 더 이상 숨을 쉴 수 없는 순간을 맞이한다는 뜻이기도 합니다.

사자는 사냥을 하며 심장과 호흡에 허용된 횟수를 많이 써서 그런지 사냥을 제외한 대부분의 시간을 잠을 자거나 누워 쉬며 보냅니다. 심장 박동수를 늦춰 밸런스를 맞추려는 본능적인 행위는 아닐까 상상해 봅니다. 만약 사자의 사냥이 쉽다면 심장 박동수는 훨씬 줄어들 거고 잠이 줄었거나 수명이 더 긴 동물이 되었겠지요.

초보 시절 제 심장은 생쥐의 심장이었습니다. 1분에 500번 뛰지는 않았지만 모든 건 빠르고 급하게 움직이고 지나갔습니다. 정지된 장면 한 장을 담는 것도 뇌는 벅차했습니다. 불가능해서가 아니라 생전 처음 겪는 환경과 상황 속에서 당황스럽게 빨라진 시간의 흐름 때문이었습니다.

요즘은 또 다른 이유로 기억이 흐려졌지만 기억력이 싱싱하던 때였는데도 첫 라운드 기억은 찰나의 몇 장면 말고는 모두 사라졌습니다. 아무리 뒤져도 나오지 않는 걸 보면, 저장 자체가 되지 않았었는지도 모릅니다.

골프도 계단식으로 발전하는 것 같습니다. 그리고 그 계단 하나하나의 높이는 시간이나 노력과 비례하지 않았습니다.

드라이버가 좋아진 어느 날 일분에 150번만 뛰는 고양이의 심장이 되었고, 어느 날 아이언에 자신감이 붙으며 인간의 심장으로 돌아와 있었습니다. 그제야 골프장에서도 사람처럼 걷고 주변도 눈에 들어오고 동반자도 보이기 시작했습니다. 물론 생쥐의 심장일 때도 고양이의 심장이었을 때도 망막에서 잡아낸 빛은 시신경을 타고 열심히 뇌로 흘러들었지만 의미가 덧씌워지지 않은 정보가 되어 떠돌다 사라지는 경우가 많았습니다.

그런데 어느 날 라운드를 마치고 운전을 하고 있는데 방금 마친 라운드가 영화처럼 보이기 시작했습니다. 동반자 모두의 샷을 복기할 수 있었습니다. 동반자의 공이 그린에 떨어진 지점과 멈춘 지점. 어디로 어떻게 공이 흘렀는지도 그냥 보였습니다. 기억하려 노력하지도 않았고 내 게임을 포기하고 동반자들의 골프를 위해 애쓴 것도 아닌데 말입니다. 그날 저는 제가 싱글 골퍼라고 확신했습니다. 코끼리의 심장은 싱글에게 주어진 상이자 의무일지 모른다는 생각을 했습니다. 어깨에서 출발한 전류가 승모근을 타고 목으로 빠져나가며 쭈뼛 어깨를 털어야 했습니다.

코끼리 심장이 되고 난 후 골프장에서의 시간은 점점 더 느려지는 느낌이었습니다. 내 골프에 집중하고 동반자들의 샷을 보고 칭찬이나 아쉬움을 넉넉히 나누었는데도 시간이 남더군요. 뇌를 마저 채워줄 뭔가가 필요했습니다.

골프장은 다른 말로 표현하면 홀컵에 꽂힌 깃대를 향해 서고 보고 치고 걷고 타는 곳입니다. 그래서 골프장의 절반만 쓰게 됩니다. 물론 의미적인 절반입니다. 그린에 올라서면 직감으로 언듀레이션을 읽고 걸어온 혹은 타고 온 홀의 뒷모습을 바라봅니다. '아... 내가 이 홀을 저기에서 출발해서 지금 여기에 왔구나....' 제가 조금 감성적이라 그런지 홀마다 얼마나 제 스스로가 장하기도 하고 그린에 오르기까지 썼던 시간들이 마음에 들어와 에밀레 종소리처럼 차분히 울려 퍼지더군요.

페어웨이에서도 눈을 감고 페어웨이 푹신한 잔디를 뒤로 걸으면 살짝 어지럽기도 했지만 우주 유영을 하듯 몽환적인 느낌이 들었습니다. 그리고 그 색다른 풍광이 주는 아름다움. 다시 뒤로 갈 수 없어서 더 아름답게 느꼈을까요?

높은 홀에서는 골프장밖 주변 풍광이나 골프장의 아랫 전경을 음미했지만 그래도 뇌는 더 느끼고 싶다고 하더군요. 이젠 향유고래의 심장을 원하는 것 같았습니다.

2천 미터 넘게 잠수를 하며 심장 박동수를 인위적으로 조절하고, 극단적인 경우 겨우 일분에 4번 뛰는 심장으로 움직이는 피가 공급돼야 하는 기관(organ)을 결정하는 스펌웨일(Sperm Whale). 그런데 심해 잠수를 하기 전에 스펌웨일은 폐에 남은 공기를 모두 뱉어 낸다고 합니다. 폐에 남은 공기는 부력을 키워 잠수를 방해하기도 하지만 어차피 깊은 곳에서는 높은 수압으로 납작해질 것이고 더구나 공기 중에 있는 질소 때문에 잠수병에 걸릴 위험을 없애기 위함입니다.

심해에서는 너무나 소중할 수 있는 폐 속의 공기를 거의 다 뱉어내는 스펌웨일처럼 마음속에 있는 내 골프에 대한 필요이상의 집중과 이기심, 그 외 불필요한 것들을 다 버리지 않으면 안 되는 골프로의 다이빙을 시도하고 싶은 뇌의 소망을 따르기로 했습니다.

동반자의 공도 더 끝까지 쳐다보고 정확히 어디로 들어갔거나 어디쯤 일지 이야기를 해주면서 제 이야기를 듣는 동반자의 마음을 느껴봅니다. 멋진 샷이 얼마나 잘 친 샷인지 코스 설계자의 의도까지 곁들여 진심 어린 칭찬을 해주며 그런 제 이야기를 듣는 동반자의 마음을 그려봅니다. 다섯 번째 동반자인 캐디의 애환을 아는 사람으로 이런저런 이야기를 나누며 또 내 이야기를 듣는 캐디의 마음을 상상해 봅니다.

동반자 공을 찾아 주고 급히 샷을 하다 뒤땅도 나고 탑핑이 나도 마음은 상쾌합니다. 이유 있는 실수이고 이제 실수가 나왔으니 오히려 멋진 리커버리의 기회가 찾아왔습니다. 누구나 가질 수 없는 만족으로의 기회입니다. 물론 또 미스샷이 나오기도 하지만요. 물본 모누가 싱글이고 세가 세일 못 지는 골퍼라면 남는 시간 동안 깊은 사색의 틈새 시간으로 빠져 드는 좋은 기회가 되겠지요.

이젠 골프에서 그런 시간들이 주는 마음의 충만이 고래의 심장처럼 가끔씩 뛰지만 온몸을 울립니다. 겨울이라 상상뿐이지만 이제 눈을 감고 다이빙을 시작해 볼까 합니다. 상상 속 고래가 돼서 황홀함으로 뛰어들기 전, 심장이 한번 두껍게 띕니다.

'쿠~웅!'

The Beginning

"골프가 그렇게 좋아요?"
"왜 그렇게 좋아하는 거예요?"
비슷한 질문을 참 많이 받았습니다. 골프를 안치는 사람들 뿐만 아니라 골프를 좋아하는 골퍼에게서도 많이 들었습니다. 하지만 그런 질문을 제일 많이 한 사람은 저 자신이었습니다.

2024년이 열린 건 분명 어제였는데, 벌써 열여섯 번째 날이 되었네요. 창밖을 보니 멀리 고층 아파트 외벽에서 줄타기를 하며 아파트 단지 이름을 보수하는 사람이 보입니다. 이렇게 추운 날.... 저기 저렇게 매달려 있는 사람의 마음에는 어떤 생각이 스쳐가고 있을까요?

기억 속 마음의 필름을 빈티지 영사기에 걸고 '챠르르' 소리가 나게 지나간 시간들을 돌려 볼 때가 있습니다. 기억은 가끔 까만 화면이 되기도 하고 초점이 안 맞거나 비가 내리는 것 같은 화면으로 껌벅이기도 합니다. 하지만 아주 선명한 장면들도 많습니다. 대개는 어려서 기억일수록 더 선명하니 시간과 기억은 꼭 비례하는 건 아닌가 봅니다.

인간은 생명 외에는 아무것도 없는 아기로 생(生)을 시작한 후, 한 지점을 향해 달려갑니다. 삶이 스며들어 생과 삶의 구분이 어려워질 정도로 비슷해지는 분수령입니다. 그 시점을 지나치면 기억이 담고 있는 것들이 현재와 미래를 지배하기 시작합니다. 잠을 자도 숨길 수 없는 아이의 표정들이 완전히 사라지며 생이 삶의 그림자가 되는 시작점. 첫사랑과 헤어졌던 대학교 4학년 때가 제게는 그 지점이었습니다.

1988년 맨해튼 북쪽 끝 동네에 살던 때였습니다. 10월 어느 일요일 오후 늦게 집에서 멀지 않은 포트 트라이언 공원(Fort Tryon Park)에서 50야드 정도 떨어진 아버지를 향해 공을 쳤던 기억이 선명합니다. 안전을 위해 사람들이 드문 외진 곳으로 가, 그나마 공을 올려 놓을 수 있는 잔디를 찾던 기억도 납니다. 골프를 접 할 수 있는 수단이 잡지를 빼곤 일요일 오후에 잠깐 TV에서 볼 수 있었던 중계뿐인 시절인데 어떻게 골프를 알게 되었는지. 그때 내가 했던 행위가 골프라고 생각을 했는지도 분명치 않습니다.

공원으로 연습을 하러 간 이유는 확실히 압니다. 가난했으니까요. 이미 미국에 정착한 지 20년도 넘은 작은 아버지가 쓰던 낡은 골프채였습니다. 이미 오래전 2차 석유파동으로 가발사업이 쫄딱 망한 아버지에게 골프는 언감생심이었으니 아버지도 그즈음에 처음 골프를 접하셨겠지요.

샌드웨지였을 것 같습니다. 아버지도 하나. 나도 하나 웨지를 들고 공을 쳤습니다. 열 번에 두세 번은 골프공이 정말 높이 솟아올랐던 장면이 보입니다. 매일 새벽 5시 30분이면 일어나 매캐하고 지린내가 진한 1번 지하철을 타고 브로드웨이 28가 도매상으로 출근을 해서 박스를 뜯고 물건을 올리고 더블파킹 한 손님들 차로 물건을 들고나가 실어주는 생활이 2달쯤 지속되며 삶이 완전히 재가 되던 시절이라 그랬을까요? 솟아오르는 공을 보며 왜 그렇게 마음이 환해졌는지 모릅니다. 자신이 하는 것이 무엇인지도 모르는데 재미와 환희를 느낀다는 건, 바보라는 뜻이었는데 말입니다.

그때는 잘 몰랐습니다. 하지만 언젠가부터는 깨달았습니다. 하늘로 '뵤옹' 솟아오르는 흰 광택을 잃어버린 낡은 골프공을 보며 바보처럼 행복했던 그때의 소중함. 아무리 돈을 써도 가질 수 없는 종류의 행복. 삶으로는 살 수 없는 생이 주는 환희라는 걸 알게 된 거죠.

공원에 사람들이 많지 않을 늦은 시간에 가서인지 얼마 안 가 기울던 햇살이 생각납니다. 채 1시간도 되지 않았던 시간 동안 겨우 몇번 떠올랐던 흰 공. 그걸 보며 기쁨에 젖었던 지금도 선명한 그때 내 모습, 내 마음. 내 골프의 시작은 그날 그때였습니다. 골프를 치면 그때 느꼈던 그런 마음과 비슷한 행복을 어렵지 않게 찾을 수 있었습니다. 물론 매번은 아니고 또 한 동안 그런 마음보다는 골프라는 게임과 기능, 결과와 성취에 연연했던 시간도 통과했었지만 말입니다.

이젠 확신합니다. 그날 제 마음에 찾아왔던 설명할 수 없는 기쁨과 환희. 생(生)이 이유 없이 던지고 간 선물을 받았던 그날의 경험. 바로 제가 골프를 좋아할 수밖에 없는 첫 번째 이유입니다.

대어리의 여전한 꿈

중학교 때 한동안 점심을 먹고 나면 닭싸움을 하곤 했습니다. 양반다리처럼 만든 한쪽 다리의 발목을 양손으로 잡고 나머지 한쪽 발로 경중경중 뛰며 서로를 공격하는 놀이였습니다. 꽤 격렬한 운동이기도 했던 닭싸움은 한쪽 다리를 잡고 있던 손이 풀리면 지거나 탈락하는 놀이였는데 간혹 손을 놓지 않으려다 넘어지는 경우도 종종 있었습니다. 한마디로 높이 뛰어올라 양반다리를 한 상대의 허벅지 위로 올라타 체중으로 누르거나 무릎으로 상대의 허벅지를 찍듯이 내려치면 이기는 게임이었는데 결국 다리 하나로 얼마나 높이 뛰어오를 수 있는지가 핵심이었습니다. 골프로 치면 저는 닭싸움 로우 싱글이었습니다. 터질듯한 허벅지와 종아리 덕분이었죠.

얼마 전 집 앞 횡단보도에서 신호를 기다리다 이왕 기다리는 중이니 안 그래도 허약해진 다리를 위해 운동을 하면 좋겠다는 생각이 들었습니다. 길가에 작은 축대처럼 얼기설기 쌓아 놓은 돌덩어리들이 눈에 들어왔습니다. 높이가 50센티미터 정도 돼 보이는 꽤 큰 돌덩이로 점프를 했습니다.

"어라?"

높이를 계산하고 근육을 움직이라는 정확한 신호를 보냈는데 운동화 앞끝이 돌덩어리 정상부근 옆구리에 걸리다 미끄러졌고 중심을 잃은 저는 비틀 넘어지고 말았습니다. 아직 근육에 보내는 신호를 잘 못 계산한 적은 없었는데... 다시 한번 시도를 했습니다. 이번에는 조금 나았지만 그건 평상시 보다 훨씬 더 강하고 높이 뛰라는 신호 덕분이었습니다. 인식의 변화를 요구하는 소리가 들렸습니다.

"아... 이젠... 달라졌구나"

...

2000년대 중반, 골프 동호회를 네다섯 개나 참여하며 전국구로 골프를 치던 때였습니다. 게시판에 정모 시상식 사진이 올라왔더군요. 딸깍딸깍 마우스를 클릭하며 사진을 구경하는데 눈에 익은 한 남자가 보였습니다. 순간 손잡이는 뜨겁지 않겠지라며 라면이 팔팔 끓고 있는 양은 냄비 손잡이 잡았을 때처럼, 뜨거운 물수건이 가슴에 철썩 달라붙었습니다.

평상시 머리숱도 적고 이마가 넓다는 생각을 했었지만, 사진 속 남자의 정수리는 천장에 달린 매립형 스폿 조명을 받아서인지 반질거리다 못해 하얗게 빛이 나는 것 같았습니다. 저 사람이 누군지 분명히 아는 사람이었는데도 진짜 그 사람이 맞는지 확인을 하고 확대를 하고, 또 확인을 했습니다. 사진 속 그는 영락없는 대머리였습니다.

그날 이후 골프장에서는 모자를 벗지 않았습니다. 모임이 끝나고 뒤풀이를 하던, 식사를 하건, 18번 홀에서 모자를 벗고 악수를 청하는 동반자를 보면서도 모자는 벗지 않았습니다. 동반자가 이미 모자 속 사정을 알고 익숙한 동반자들이라도 같았습니다. 골프 옷을 입고 있을 때는 모자를 벗지 않았습니다.
왜 그랬을까요?

사진 속 남자를 처음 알게 된 지 일 년쯤 지나 바리깡을 샀습니다. 정수리에 아기 머리처럼 가늘어진 머리카락들을 남기고 나머지 굵고 진한 머리카락을 모두 짧게 밀었습니다. 옆머리를 길러 정수리를 살짝 도와주면 어떨까라는 생각도 했었지만 치사하단 생각이 들었습니다.

완전 대머리는 아니었지만 거의 대머리라는 사실을 받아들인 그날 이후 편안해졌습니다. 머리카락이 많았으면 얼마나 좋을까라는 생각을 웃으며 합니다. 친한 지인들과는 대머리가 유머의 소재로 흔하게 등장합니다. 하지만 골프장에서는 가능하면 모자를 벗지 않습니다. 그건 또 왜 그럴까요?

혹시 여러분도 그러신가요? 저는 골프 전날 밤엔 마시지도 않았는데 마치 더블에스프레소를 두세 잔 한 것처럼 흥분으로 각성이 됩니다. 어릴 적 소풍을 가기 전날이나 정말 가지고 싶은 선물이 언약된 크리스마스이브날 밤처럼요. 몇십 년 동안 수천 번의 라운드를 했는데도 신기합니다.

골프장에서 모자를 벗지 않는 이유는 상대방에게 멋지게 보이고 싶어서나 대머리 자체가 부끄러워서도 아닙니다.

제게 골프는…, 골프를 친다는 건 어린아이가 되는 것이기도 합니다. 녹색 잎과 파란 하늘, 흰 구름에 가슴이 먹먹해질 수도, 환해질 수도 있는 마음을 가진 사람이 되는 시간입니다. 몸이 아프거나 알레르기에 콧물이 줄줄 흘러도 골프를 치고 싶어지는 이유는 그런 어린아이 같은 저 자신을 만나는 게 정말 기쁘기 때문입니다. 아무리 나이가 들어도 전 아이의 마음으로 사는 저 자신을 만나며 살고 싶습니다. 골프장은 그런 꿈이 현실이 되는 곳입니다.

저는 다크 초콜릿 혹은 다크 초콜릿이 들어간 빵이나 아이스크림을 무척 좋아합니다. 하지만 한 조각 더 먹고 싶어도 참는 경우가 많습니다. 골프장에서 확인하는 소망같은 꿈을 위해서입니다. 몸도 아이 같아서 가볍게 뛰놀고 싶어서입니다. 그런데 딱 한 가지가 내가 사랑하는 그 아이와 어울리지 않습니다.

"대머리만은 멋진 모자를 써서 가리고 싶습니다."

골프가 준 선물. 부끄러움의 정체

한국에서의 첫 라운드가 언제 어느 골프장이었는지 기억이 나지 않습니다. 레이크사이드 CC가 분명히 처음 가본 곳이란 건 또렷한데 그날은 비가 와서 클럽하우스에서 기다리다 그냥 왔고! 한국에서의 첫 라운드는 어느 골프장이었는지 오리무중입니다. 아마 2007년 10년간의 한국 생활을 접고 다시 미국으로 돌아가며 애써 한국에서의 기억을 지우고 싶었던 마음의 사이드 이펙트(side effect)가 아닐까 싶습니다.

어느 골프장인지도 기억이 나지 않으니 당연히 라운드도 기억이 나지 않습니다. 누구와 쳤는지도 기억이 없습니다. 이런 건 기억이 나야 보통인데... 그럼에도 불구하고 한 가지는 어제 일처럼 또렷합니다. 사람의 뇌는 감정이 결합된 시간의 기록을 잘 잊지 못하기 때문인 것 같습니다.

정황으로 보면 1996년이었겠지요. 비록 지난 8년간 미국에서 한국을 잊고 살아왔었지만 성인이 될 때까지 20년 넘게 살아온 한국. 제 상식이 통하지 않는 곳은 거의 없었습니다. 라운드를 마친 후 목욕탕 라카에 옷을 벗어 걸고, 늠름할 건 없지만 뭐 그냥 자연스럽게 목욕탕 쪽으로 난 복도로 나섰습니다.

복도로 들어서자마자 앞쪽으로 팬티를 입은 채로 한 손에 또 다른 팬티를 쥐고 걸어가는 남자가 보였습니다. 속으로 생각했죠. '뭐야~! 목욕탕으로 가는데 왜 팬티를 입고가지? 아니 그리고 팬티를 갈아입을 건가? 왜 가지고 가는 거야? 신기하네!'

그런데 맞은편에서 목욕을 마친 사람들이 눈에 들어왔습니다. 너 나 할 거 없이 모두 팬티를 입고 있었습니다. 모두 팬티를 입고 있다는 걸 알아채는 순간 그들의 눈에 비칠 내 모습이 보였습니다. '저 사람은 왜 홀딱 벗고 저러는 거야?'라는 그들의 생각에 얼굴이 후끈해졌습니다. 뛸 수도 없고 목욕탕까지 가는 길이 왜 이렇게 긴 건지....

샤워를 하면서도 라카로 돌아갈 길을 생각했습니다. 수건으로 가리고 갈까 생각도 했지만 그건 더 우스워보일 것 같았습니다. 탕 속에 들어가 마음을 다독였습니다.

'내가 왜 이런 고민을 하지? 남자들끼린데. 목욕탕에서 녀석을 가리는 게 무슨 큰 의미가 있어~! 대단한 예의범절도 아니고 말이야. 그리고 거기가 무슨 비밀의 정원도 아니고, 차이가 난다고 해도 고만고만 노도리 기새기인 것들인데 말이야.'

결론은 '에라~! 모르겠다'였습니다. 라카까지 또 한 번 나 홀로 스트리킹을 했습니다. 최대한 서두르지 않는 걸음걸이로 떳떳하게 걸으려 했는데 락카로 가는 시간은 오히려 두 배는 더 길어진 것 같던 기억이 또렷합니다.

...

옷을 벗는 것에 너무 무심한 인간형이라 그랬을까요? 일본에서도 비슷한 경험을 했습니다. 도쿄 근처 골프장이었습니다. 지금은 아니지만 예전에야 거의 모든 분야에서 일본을 카피하던 시절이었으니 골프장도 비슷하리라 여겼습니다. 라운드를 마치고 당연하고 익숙하게 라카 앞에서 옷을 벗고 한 손에는 팬티를 들고 팬티만 달랑 걸친 채 탕으로 향하는 복도로 나섰습니다. 하지만 아뿔싸. 뭔가 이상했습니다.

나를 뺀 모든 사람들이 보스턴 백을 들고 골프복 그대로 탕으로 향하고 있었습니다. 마주 오는 사람들도 일반복으로 완전히 옷을 갈아입고 있었습니다. 이미 한국에서 한번 겪었던 터라... 이번엔 바로 눈치챘습니다. 팬티만 걸치고 활보하는 내 모습이 일본 사람들 눈엔 어떻게 비칠지.... 헛웃음이 났습니다. 두 번째 '낯팔림'이었습니다!

다시 라카로 돌아가 옷을 입고 목욕탕으로 갈까 생각도 했지만 그건 더 어이가 없는 행동이란 생각이 들었습니다. 꿋꿋이 팬티만 걸치고 목욕탕으로 향했습니다. 사람들이 탕입구에 놓인 커다란 대형 바구니에 보스턴 백을 올려놓고 옷을 벗더군요. '오케이. 이제 알았어. 다음엔 나도 옷을 입고 와야지!'

탕 안에도 혹시 뭐 다른 게 있나 조심스레 살폈습니다. 입식 샤워부스가 적고, 예전 동네 대중탕에 있었던 낮은 플라스틱 의자와 바가지가 놓인 좌식 샤워 부스가 대부분이란 걸 빼면 비슷했습니다.

시원하게 샤워를 하고 탕을 나섰는데, "어머나~!" 느닷없이 눈앞에 나타난 20대 여자가 나를 향해 다가왔습니다. 순간 생각이 급하게 엉키며 수건으로 녀석을 가리고 싶은 충동이 일었습니다. 하지만 지도 남자라고 수컷 행세를 하고 싶었는지, 가리는 대신 슬쩍 몸을 돌려 혹시 모를 그녀의 시선만 피했습니다. 일본 온천에는 남녀혼탕이 있다는 이야기가 생각이 났습니다. 하지만 실제 그런 곳에 가면 할머니만 있다는 이야기도 들었는데...

문제는 내 앞에 있는 저 여자가 20대가 분명해 보인다는 것과 그녀는 옷을 입었고 나는 홀딱 벗었다는 데 있었습니다. 물론 다른 남자들도 모두 마찬가지였지만요. 슬쩍슬쩍 그녀의 위치와 시선이 어디를 향하는지를 살피며 그녀를 관찰했습니다. 여자로 느낄 수 있는 건 모두 표백된 흰 종이로 만든 사람 같았습니다. 살짝 고개를 숙이고 일을 처리했을 뿐 주변으로 시선을 돌리는 일도 없었고 어떤 것에도 무심해 보였습니다.

한국에서도 화장실에서 흔하게 마주쳤던 청소아주머니들이 있었지만 내가 홀딱 벗고 있는 것도 아니었고 나이 많은 여자가 주는 편안함(?)이 있었는데.... 20대 여자 앞에 나만 홀딱 벗고 모든 걸 노출시켜야 한다는 상황이 당황스러웠습니다. 그럼에도 잡생각이 넘쳤습니다. '혹시라도 그녀가 내 〈녀석〉을 보면 무슨 생각을 할까? 얼마나 많은 녀석들을 보았을까? 남자가 얼마나 우습고 한편 또 자연스럽게 느낄까? 아마 흥미를 싹 잃어 버렸을지도 몰라."

별의별 생각이 다 들었습니다. 그러다 혹시 부끄러운 사람은 홀딱 벗은 내가 아니라 유일한 여자이고 혼자서만 옷을 입고 있는 그녀가 아닐까 라는 생각이 들었습니다. 어쨌거나 처음이자 마지막 첫 경험의 긴장은 풀릴 기미가 없었습니다. 얼른 팬티에 녀석을 감추고 혹시라도 그녀의 시선에 걸릴까 봐 복근에도 힘을 주며 그녀가 점령한 공간을 빠져나갔습니다. 열심히 도망치던 마음과 들킬까 봐 느린 걸음을 애쓰던 그때 생각을 하면 지금도 헛웃음이 납니다.

'부끄럽다' '떳떳하지 않다' '쑥스럽다'라는 말은 주로 낯(얼굴), 체면, 양심 같은 단어들과 짝을 이루는 경우가 많은데요 몸과 마음이라는 두 가지 방향을 담고 있는 것처럼 보입니다.

팬티도 안 입어서 부끄러웠고 팬티만 입어서 부끄러웠던 그때! 우리가 부끄러워야 하는 이유는 정말 몸 때문인지? 아니면 아무도 모르는 우리들 마음 안에 깃든 시커멓거나 하얀 생각 때문인지?

질문은 결국 골프가 제게 준 선물이었습니다. 부끄러움은 내 상태나 마음이 어떻건 다른 사람과 다르면 무조건 느껴야만 하는 의무일까요? 골프는 알고 있지만 답대신 질문을 선물한 것 같습니다.

골프를 치면 마음이 고스란히 다 드러납니다.
누구에게 드러나냐고요?
물론 자기 자신에게 죠!

자신을 감추는 기술을 기르고 익숙해져야 더 편안해지는 세상에서 살다 보면 드러난 자신을 마주하는 기회는 점점 더 적어집니다. 골프 덕분에 저는 언제나 그 기회가 가깝습니다. 그래서 골프가 참 좋습니다. 고맙고요.

지금

　마음은 뼈나 폐보다는 간을 닮은 것 같습니다. 뼈처럼 숭숭 구멍이 나며 쉽게 부러질 준비를 마치거나 폐처럼 점점 억세지고 찌들어서 팽창과 수축에 필요한 탄력을 잃을 만도 한데 간처럼 스스로 재생하고 치유하는 능력이 있나 봅니다. 50년도 넘게 살았는데도 금세 반죽한 밀가루 반죽처럼 적당히 말랑말랑 누르면 납작해지고 찌르면 쏙 들어간 구멍이 생깁니다. 어려서 보다는 수분이 조금 부족해진 것 같기는 하지만 문제는 없습니다. 삶의 열매를 모아 짜 놓은 기름을 바르고 다시 동글동글 반죽을 하면 되니까요.

　인간이 할 수 있는 최선의 휴식, 잠을 자며 모든 걸 놓아버릴 때, 집중이 필요하거나 전속력으로 뇌를 운전할 때 몸의 움직임은 최소화되거나 크기가 작아집니다. 마라톤을 하며 책을 읽는 사람보다 편안한 의자에 앉아 책을 읽는 사람이 많은 이유겠지요.

강남과 강북을 가른 후 서해로 사라지는 한강이 되기 위해 먼저 출발한 남한강이 단양과 충주를 굽이친 후 여주를 지나 양평에서 북한강을 만납니다. 한강의 어머니 남한강은 강원도 태백시 오투 리조트에서 멀지 않은 대덕산 검룡소 아래 석회암층 땅속에서 태어납니다. 발원지. 강의 끝에서 물이 흐르는 거리를 기준으로 가장 먼 곳입니다.

끊임없이 흐르는 한강처럼 시간도 멈춤 없이 흐르기만 합니다. 시간을 붙들고 제 골프의 발원을 더듬어 봅니다. 강이 강다운 모습이 되는 곳은 발원지로부터 이미 너무 멀리 지나온 곳. 골프의 모습이 보인 다는 건 발원지로부터 한참을 흘러내린 곳이란 뜻입니다.

골프가 사라지고 나서도 한참을 거스르고 또 거슬러 올라가다 드디어 찾았습니다. 골프채를 처음 만져본 시점에서 12년 전 중학교 1학년 때였습니다. 주말이면 홀로 낚시 가방을 메고 청량리 시외버스 터미널로 갔습니다. 버스는 한강을 따라 덕소,

(칸델라: 카바이드와 물을 혼합하고 생성되는 아세틸렌가스로 불꽃을 유지하게 만드는 장치. 일종의 화학 랜턴.)

팔당, 능내, 조안을 지나 양수에서 남한강을 따라 국수, 양평으로 향했고 주말이면 낚시꾼들로 혼잡했습니다.

처음엔 낚시꾼 아저씨들이 제일 많이 내리는 곳에 내려 아저씨들을 따라 주변에 자리를 잡았습니다. 아는 것도 없었지만 무서웠습니다. 그러다 양수대교 직전 삼거리 헌병 검문소 주변이 저만의 포인트로 자리 잡았습니다. 겁 많은 제게 24시간 헌병이 있는 곳보다 안전한 곳은 없어 보였기 때문입니다.

3칸, 4칸, 5칸짜리 낚싯대를 펴고 형광색 찌를 물 위에 걸쳐 띄우고 나면 쳐다보는 것과 생각하는 것 말고는 할 수 있는 게 없는 시간이 시작됩니다. 친구나 가족 중에 낚시꾼 하나 없었는데 왜 낚시를 시작했는지는 기억이 나지 않습니다. 낚시가게 아저씨가 찌의 높이를 맞추는 법, 지렁이와 구더기를 끼우는 법, 떡밥을 개고 서너 개 바늘을 모아 뭉쳐 호도알 만하게 만드는 법을 설명 듣던 장면이 어제 일처럼 떠오릅니다.

왜 그렇게 매주 낚시를 갔었는지, 비가 와도 양수리로 가는 버스를 탔는지, 이유나 동기는 전혀 생각나지 않습니다. 다만 그해 여름부터 늦가을까지 일 년 내내, 매주 한 번도 빠지지 않고 낚시를 떠났었습니다. 특히 텐트도 없이 밤새 칸델라를 켜고 밤낚시를 하던 시간 속 세상은 또렷합니다. 모든 게 온전히 내 것이 되었던 밤 속 시간들.

하염없이 바라보던 물, 산, 수초, 그리고 시간. 생각으로 마음을 태워 까매지면 다시 생각이 돋아나 하얗게 되고 또 태우는 시간이 반복되었습니다. 생각을 하다 생각을 하는 이유가 궁금해지고 마치 작은 돌부리에 걸려 중심을 잃고 넘어지지 않으려 허공에 팔을 휘젓는 것처럼 안간힘을 다해 생각을 해도 결국 또 다른 이유를 생각하게 되는 시간이었습니다. 그 시간을 통해 체험한 것 같습니다. 저는 자연과 생각을 좋아하는 사람이란 걸요.

골프의 모습도 삶과 함께 꾸준히 모양이 바뀌어 온 것 같습니다. 몸의 움직임의 결과를 측정하던 골프에 마음의 흐름 속 갈래를 만지며 느끼는 골프가 더해졌고 이제는 오히려 몸의 움직임보다는 느낌과 생각을 위한 선택으로 골프가 자리하게 되었습니다.

신기합니다. 지금의 골프가 47년 전 낚시를 하던 소년과 너무 닮아서입니다. 이미 그때 제 삶과 골프는 어디로 흘러 어디 쯤에서 다시 어머니의 품을 떠났던 그때를 뒤돌아 보게 될지 알 았을 것 같다는 생각이 듭니다. 시(詩) 한편 긁적입니다.

지금(只今)

파란 하늘과 물색 강은
산으로 잘려있다.

불그스레한 빛이 기울며
잠깐 길어진 산 그림자.

산이 먼저 검어지고
물로 어둠이 풀린다.

검어진 물은
하늘을 밝히고

칸델라를 켤 때다.

달고나 소다 같은
카바이드 덩어리들이 끓고

작은 우주 안테나 접시 한가운데서
불꽃이 '쌔' 하다.

빛 받은 삼색 빨대가
솟았다 들어갔다.

물이 숨을 쉰 건지
별들이 물을 마신 건지.

꾸꾸리도 붕어도
덩달아 점벙 인다.

빛 바늘구멍 천지인
검은 바가지 속으로
세상이 모여든다.

밤의 고요에
감각이 중력을 상실했나?

어질어질
숨도 가늘어졌나 보다.

칸델라 불빛을 껴안고 있는
소년이 보인다.

시외버스를 탈 시간이
가까워지고 있던

예전 같은
지금(只今)이다.

위선의 습격

골프는 시원하게 마셨던 물이 담긴 그릇이 해골이었다는 걸 알고 깨닳음을 얻는 원효대사가 될 수 있는 기회를 제공하는 것 같습니다.

2004년 여름이었습니다. 무척 가까운 후배였습니다. 가진 것과 능력과 상관없이 잘 풀리는 사람이 있는가 하면 정 반대의 사람도 있습니다. 예고를 나와 밴드 리더로 사회활동을 시작했는데 잘 풀리지 않았습니다. 선한 마음을 가진 동생은 친구들에게는 모든 걸 다 줄 수 있는 사람이 되어주었지만 그런 친구는 정작 한 명도 갖지 못했기 때문이었습니다.

결국 생계를 위해 지방 밤무대를 도는 밴드로 전락하고 몇 년이 안 돼서 밴드는 해체되었습니다. 밴드를 함께 했던 친구들은 이후 모두 경제적인 성공을 이루었지만 후배만은 달랐습니다. 그런데 수도권 골프장에서 후배를 우연히 만났습니다. 그때 마음이 정확히 기억납니다.

"아니... 네가 골프를?"
"너는 골프를 치기엔 경제적인 상황이 너무 안 좋은데..."
"설사 돈이 있다고 해도 골프에 쓰는 건 너에겐 너무 안 어울리는데..."

그래도 선배 노릇을 해야 한다고 위선이 그려낸 표정을 지으며 이것저것 묻는 척을 했습니다. 하지만 이미 마음은 '정신 차려야 할 사람, 어리석은 사람, 주제를 모르고 시간을 보내는 사람'으로 후배를 규정하고 있었습니다. 묻는 척 듣는 척을 한 후 마지막 한마디를 더했습니다. "가능하면 골프는 치지 마. 네가 지금 골프 칠 상황이 아니잖아."

마치 골프를 쳐도 되고 칠만 한 사람이라는 당위성을 부여받은 사람이 어리석은 사람을 만나길 기다렸다는 듯 호들갑을 떨었습니다. 살며 허세를 부렸거나 혹은 그럴 수 있는 상황이 아니었는데도 무리를 했던 적이 많았던 내가 어떻게 그럴 수 있었는지... 부끄럽습니다.

그런 후배가 몇 달 전 암으로 일찌감치 세상을 떠났습니다. 마지막 시간을 겨울 나뭇가지처럼 마르고 고통으로 보냈다는 말을 전해 들었습니다.

2004년 그 여름날. 아무 의미도 없었겠지만 후배의 그린피를 내주지 않은 게 아쉽고 미안합니다. 그리고 그런 생각이 들면 그때 겨우 그린피 하나 내준 걸로 나름 마음의 피난처를 삼았을 게 틀림없을 제 마음의 한계와 모습에 또 한 번 부끄러워집니다.

...

2천 년대 중반 늦은 여름. 1번 홀 티박스에서 A가 돈다발을 흔들었습니다. 정확한 워딩이 기억나진 않지만, 내기를 위해 신권으로 뽑아 왔으니 다 따먹으라는 식의 이야기를 했습니다. A의 뒷주머니가 돈다발과 받은 핸디로 빵빵해졌습니다. A의 행동이 특이하다고 느꼈지만 A가 얼마나 잘 나가는 사람인지 이야기를 들었기에 그냥 그런가 했습니다.

라운드가 시작됐고 잘 치는 사람들이 먼저 치면 부담이 된다며 A가 먼저 티샷을 시작했습니다. 돈다발 일부가 뒷 주머니

위로 고개를 내밀고 있는 엉덩이를 유별나게 뒤로 뽑고 친 A의 티샷. 풀뱀이 기어가는 소리가 나더니 여자 티잉 그라운드에서 멈추었습니다. 멋쩍게 큰 소리로 웃던 A가 멀리건을 외쳤습니다. 초면이고 초보라고 하는데 첫 티샷 멀리건을 못 줄 이유도 없었습니다. 그런데 두 번째 티샷 한 볼이 드라이버 헤드 바닥에 맞았는지 10미터도 못 가고 멈췄습니다. 당연히 더 잘 친 첫 번째 샷으로 플레이를 하기로 하고 동반자들도 그러라 했습니다.

그런데 여자티로 간 A가 공을 집어 들더니 티를 꼽고 공을 올려놓더군요. 이왕 이렇게 되었으니 자신은 그냥 여기에서 티샷을 하는 걸로 하는 게 좋겠다고 하면서요. A가 선언처럼 뱉은 말이 무슨 뜻인지 선뜻 이해가 되지 않았습니다. A의 멀리건 포함 티샷이 끝나고 깨달았습니다. '아... 지금 레드티에서 친 걸 첫 티샷으로 하자는 거구나...'

A의 당당함은 라운드 내내 이어졌습니다. 물론 멀리건과 오케이를 외치는 A의 목소리도 멈추지 않았고요. A의 '을'이었던 친구는 연신 미안하다며 라운드 내내 눈치를 보았지만 별다른 조치를 취하지 못했습니다.

A가 뒷주머니에 꼽아 준 백만 원짜리 돈다발은 라운드가 끝나도 그대로였습니다. 스코어도 골프를 시작한 지 얼마 되지 않은 사람치고는 준수했습니다. 만족스러운 라운드를 마친 A는 단골 강남 최고급 한우 사시미 집에서 저녁을 사겠다고 했고 분위기를 깨지 말았으면 하는 친구의 요청으로 억지로 합석했습니다.

음식점에는 이미 푸짐한 상이 차려져 있었고 이내 거대한 소갈비뼈 하나가 올려진 고급스러워 보이는 초대형 나무 도마가 방으로 들어왔습니다. 높고 흰 주방장 모자를 쓴 육고기 작업 기술이 타의 추종을 불허한다는 주방장이 무릎을 꿇고 육사시미를 저며 A에게 올렸습니다. 한 점 맛을 본 A가 만족한 미소를 지으며 지갑에서 10만 원짜리 수표 2장을 꺼내 주방장에게 건넸습니다.

그날 라운드를 하며 얼마나 마음이 불편했고 한편 분노했는지 모릅니다. 그리고 음식점에서 20만 원이라는 큰돈을 팁으로 주는 넉넉하고 품위 있어 보이는 행동과 라운드 중에 보인 모습과의 괴리로 괴로워했었습니다.

그렇게 A와의 라운드는 여러모로 불행했던 시간으로 굳어 졌고 그 핑계와 원망은 오직 A의 몫이 되었습니다. 생각해 보면 A의 마음은 A가 사는 삶에서는 당연했을지도 모릅니다. 발견하기 어려운 오류를 고치는 건 누구라도 불가능한 일이니까요. 내기로 돈을 잃은 것도 아니고 돈을 못 따서 억울하지도 않았고... 그리고 A가 어떻게 돈을 쓰건 그건 A의 자유였는데 말입니다. 왜 그래야만 했을까요? 왜 A의 행동을 옳고 그름으로 판단했을까요? 훌륭한 인격이 보이지 않으면 실망하는 게 너무 당연한 걸까요?

그러고 보면 나는 절대 그러지 않았다고 부정할 수 없는 모습을 보며 실망하고 원망했던 적이 많았습니다.

뒤땅을 친 후 클럽을 내리치며 화를 내는 골퍼를 보며 '왜 저렇게 화가 많은 거야. 그리고 골프장을 저런 식으로 파내는 건 정말... 어리석은 바가지는 어디 가도 샌다니까...'라며 어이없어했던 때.

언제나 해저드에 들어간 위치보다 스무 걸음은 더 앞에서 열심히 공을 찾는 동반자를 보며 '아니 대체 왜 저러는 거지? 아무리 사람은 자기 자신의 모습을 보지 못한다지만, 착각이 너무 심한 거 아냐?'라며 이해하지 못했던 때.

티샷을 하러 올라간 동반자 뒤에서 열심히 빈 스윙을 하는 골퍼를 보며 '참 심하네. 대체 골프는 어디에서 배운 거야? 어떻게 저렇게 자기 생각만 하지?'라며 비난했던 때.

티박스에서 남들이 티샷 할 때는 먼산이나 핸드폰만 보는 사람을 보며 '어떻게 저럴 수 있지? 왜 저 사람은 나를 쳐다봐주지 않지? 내가 싫은가? 아니야. 그럴 리 없어. 자기 스윙리듬을 지키려고 그러는 걸 거야. 근데 아무리 그래도 그렇지 좀 너무하네.'라며 상처받던 때.

루틴이 유별나게 긴 사람을 보며 '정말 돌겠네. 왜 빈 스윙을 하고 어드레스에 들어간 후 또 뒤로 나와 빈 스윙을 또 하는 거지? 왜 매번 그러는 걸까? 대체 왜?'라며 갑갑해하던 때.

수많은 '순간'들이 떠오릅니다. 아마 지금도 다양한 이유를 들며 부끄러움의 업(業)을 쌓고 있겠지요.

이제 제 삶과 골프는 한 여름이 지나고 가을 단풍이 들기 시작했습니다. 한 여름 모든 잎이 다 푸른 녹색일 때는 어떤 나무가 어떤 색깔로 물들지 몰랐는데, 노란색 빨간색 주황색 잎새들 사이로 그냥 말라버려 왠지 가슴 아픈 황토색 잎새가 달린 나무도 보입니다.

1만 년 전에 어떤 한 사람이 다른 어떤 사람에게 가졌던 마음은 어떤 의미를 얼마나 가질 수 있을까요? 시간만 길게 늘어져도 정말 아무 의미도 없는 일들이고 감정이었고 시간이었는데... 여름이 한창일 때는 왜 그래야만 했는지 아쉽고 부끄럽습니다.

그래도 다행입니다. 오직 나만 아는 마음이라 더 무거웠는데 부끄러움을 느끼고 나면 한결 홀가분해지니까요. 빛에 고스란히 드러났던 해골은 또 다른 어떤 나였던 사람의 흔적이었음을 이제는 조금 알게 되었으니까요.

삶과 이별할 때 골프는

그날은 누구라도 실내에서 더위를 피하는 게 상책인 여름 날이었습니다. 구름 한 점 없이 파랗게 뚫린 하늘 때문에 태양과 훨씬 가까워진 것 같은 뜨거운 7월 말이었는데도 저는 그날 골프를 쳤습니다. 그리고 같은 선택을 한 골퍼들로 골프장이 채워져 있었습니다.

하늘은 발갛게 달구어진 난로처럼 복사열을 쏟아 냈고 아침부터 잔디에 준 물로 흠뻑 젖은 땅은 끓는 주전자처럼 수증기를 토해 내고 있었습니다. 심장은 가슴대신 온몸이 받아낸 열기가 모여 살짝 부은 것 같은 얼굴에서 뛰었고 나무 그늘 아래에서도 습기에 젖어 불방울이 떨어질 것 같은 허파는 "헉"과 "후~우" 소리를 번갈아내며 헐떡댔습니다.

11번 홀 어프로치를 마치고 그린으로 올라서는데 사이렌 소리가 들려왔습니다. 길거리에서는 자주 접했지만 골프장 안에서는 한 번도 들어 본 적이 없었던 소리라 살짝 당황스러웠습니다. 설마설마했는데 사이렌 소리는 점점 가까워지고 있었습니다. 사이렌 소리가 가뜩이나 공간에 비해 사람이 적은 골프장을 꿀꺽 한 입에 삼켜버리는 것 같더니 11번 홀 뒤쪽으로 통하는 작업용 길에서 경찰차 한대가 튀어나왔습니다. 우리를 보고 급정거를 한 경찰차 운전석 창문으로 젊은 금발 백인 경찰관이 머리를 내밀고 소리쳤습니다.

"7번 홀로 가려면 어디로 가야 합니까?"

갑자기 닥친 상황에 살짝 넋이 빠진 저는 7번 홀이 어느 쪽인지 순간 생각이 나지 않았습니다. 머리도 입도 얼어붙은 것 같았고 1초가 10초처럼 흐르는 것 같았습니다. 어리벙벙 머뭇머뭇하고 있는 제 등 뒤에서 제일 먼저 정신을 차린 친구 민수가 저쪽이라며 손가락을 가리켰습니다.

민수가 가리키는 쪽으로 빠르게 달려가는 경찰차를 쳐다보면서도 차가 다니기엔 카트패스가 너무 좁은 건 아닐까라는 생각만 들었습니다. 마크를 하고 공을 집어 들며 예전 내기 골프를 하다 육탄전을 벌였던 두 사람이 떠 올랐고 뒷 팀에서 날아온 티샷에 맞을 뻔했던 동반자가 뒷팀 쪽으로 아이언을 든 채로 달려가던 기억도 떠올랐습니다. 싸움이 났을 거란 추측 말고는 떠오르는 생각이 없었습니다.

어찌어찌 퍼팅을 마치고 12번 홀에 도착했을 때 앰뷸런스인지 소방차인지 모를 사이렌 소리가 또 들렸지만 더위의 강펀치에 다운당한 호기심은 일어나기는커녕 고개도 들지 못한 채 뻗어 있었습니다. 물을 적셔 목에 두르는 냉감스카프도, 벌컥벌컥 마시는 얼음물도 덜어내지 못하는 더위를 뚫고 앞으로 나가는 것만으로도 힘에 부쳤습니다. 더위로 살짝 어지러움도 느끼며 죽기 살기로 결국 18홀을 마쳤습니다.

계란을 떨어뜨리면 바로 익어 버릴 듯 주차장 아스팔트가 이글이글 아지랑이를 뿜어 냈고 차창을 내리고 몇 분 동안 환기를 시킨 후 출발했는데도 뜨거워진 핸들을 제대로 잡을 수 없었습니다. 집에 오자마자 냉동고에 넣어 성에가 낀 맥주잔에 맥주를 담아 들이켰습니다. 한 동안 샤워 꼭지 아래 서 있고 난 후 소파에 눕듯 기댔습니다.

다음날 아침 전화벨이 울렸습니다. 어제 골퍼 한 명이 골프장에서 급사했다는 신문 기사를 본 민수의 전화였습니다. 사망자의 이름은 K라는 이니셜로만 나왔고 한 여름 골프를 조심하라는 취지의 기사라 자세한 내용은 나오지 않았다고 하더군요. 전화를 끊고 잠시 죽은 골퍼를 생각해 보았습니다. 어떤 골퍼였을지, 삶은 어땠을지... 골프장에서 맞이하는 죽음에 대한 생각들을 떠 올렸습니다.

점심을 먹고 난 후 동문회 선배의 전화가 왔습니다. 선배 K의 부고 소식을 전하더군요. 그날 제가 지나온 7번 홀 그린을 1시간 정도 뒤에 올라섰고 죽은 골퍼가 K선배였습니다. 어떤 사람이 나도 잘 아는 사람이 되며 어제 골프장 장면들이 떠올랐습니다. 같은 장면이었지만 전혀 다른 의미를 가지더군요.

다음날 문상을 갔습니다. K선배와 함께 라운드를 했던 동문회 선배들의 이야기를 전해 들었습니다. 별다른 징후는 없었다고 하더군요. 전조증상이 있었어도 모두가 너무 더워 허덕였던 터라 알아채지 못했을 것이라는 말처럼 들렸습니다.

7번 홀 그린에 올라 각자 퍼팅 준비를 하고 차례가 된 K선배의 퍼팅 루틴을 쳐다보고 있었는데 순간 K선배가 쓰러졌다고 합니다. 모두 달려들었고, 911에 전화를 했고, 경찰차가 제일 먼저 도착했고, 앰뷸런스도 오고, 소방차도 클럽하우스까지 출동했지만, K선배가 쓰러진 순간 모든 건 이미 끝이 났던 것 같았습니다.

언제부턴가 생을 마친 가족과 지인들이 선물을 남기고 떠난다는 것을 깨달았습니다. 하루가 얼마나 소중할 수 있는지, 살아있다는 것이 얼마나 감격적인 것인지가 담긴 마지막 선물. 사고나 병으로 생을 떠나며 보내 준 선물은 더 각별합니다.

그래서 선물을 보낸 K선배의 마지막 순간을 그려 보았습니다. 7번 홀 그린 위에서 마지막일지도 모르는 숨을 쉬었고 강한 어지러움을 느끼는 K선배가 보였습니다. 잠시 후 눈이 깜깜해졌고 코끼리가 올라 선 것 같은 압력을 느낀 심장이 통증을 느끼자마자 멈추며 딱딱해지더군요. 그리고 제대로 휘청이지도 못한 채 그대로 무너져 내리는 모습이 그려졌습니다. 영화 속 클라이맥스처럼 슬로 모션이었고 제가 K선배가 되어 쓰러지는 것 같은 착각도 들었습니다.

같은 골프장에서! 내가 지나친 곳에서 시간차를 두고 일어난 죽음이라 그랬을까요? 아니면 제가 유일하게 접했던 골프장에서의 죽음이라 그랬을까요? K선배와의 인연의 깊이보다 훨씬 더 값진 선물을 받은 것 같았습니다.

그때 이후 제 골프는 특별한 이벤트로서의 지위를 상실하고 삶과 생활의 일부로서 더 평범하고 편안해진 것 같습니다. 그게 몸이건 마음이건 무리다 싶으면 라운드 중간에 쉽게 라운드를 포기하거나 멈출 수 있었습니다. 중간에 한 두 홀 쉬는 골프도 파 66인 골프장에서 라운드를 한다고 생각하면 되니 문제 될 게 없었습니다. 18홀 그린피를 내고 9홀만 치는 골프도 저를 위한 선택인 이상 전혀 아깝지 않게 되었습니다.

스윙도 홀 공략도 비슷해졌습니다. 그전에도 그런 경향이 있었지만 그날 이후 이를 악물고 이겨내는 골프는 사라졌습니다. 샷의 결과나 스코어에 휘청이는 일도 없어졌습니다.

요즘도 가끔 뜨거운 여름날 골프를 칠 때면 그날이 생각납니다. 언젠간 내게도 찾아 올 그 시간. 언제 어디에서 K선배의 시간이 저의 시간이 될지 모르지만 반드시 마주할 그 시간. 그리고 언제 닥쳐도 이상하지 않을 시간! 그때 제 모습과 마음을 가끔 그려봅니다. 어니에서 마지막을 맞이하건 그 순간이 오면 아무와도 공유하고 공감할 수 없는 오직 나뿐인 고독한 시간이겠지만 저는 아마 골프장 어딘가에 있는 저를 떠올리며 미소 지을지도 모릅니다. 그러면서 이미 굳어진 입술을 움직이진 못하지만 마지막 말을 제게 걸겠죠.

"그래. 넌 잘 살았어. 네가 그렇게 원하는 사랑을 하며 살았으니까. 그리고 넌 멋진 골퍼였어.!"

운신 골프. 오죽하면 그랬겠어.

1502년 영국, 거의 50년 동안 지속되던 서민들에 대한 골프 금지령이 풀리며 골프는 본격적인 대중 스포츠가 되었다고 합니다.

우리나라 골프장은 일본식에 가까운 것 같습니다. 명동 신세계 백화점이 원래는 미츠코시 백화점이었고, 동경에 있는 다카시마 백화점과 외형과 내부 구조가 많이 비슷한 것처럼 특히 클럽하우스가 그런 것 같습니다. 크고 화려하고 돈을 많이 들여 지은 클럽하우스는 우리나라 골프 문화를 보여주는 상징으로 충분한 것 같습니다. 그런데 신기합니다. 우리나라에 처음 골프가 들어온 게 1900년, 오히려 일본보다 빨랐다고 하네요.

한국 골프는 클럽하우스로 보면 벤자민 버튼의 시계처럼 시간을 거슬러 올라가지는 않지만 한창때의 젊음을 유지하고 있다는 게 놀랍습니다. 30년 전이나 지금이나 코로나 때문에 들어선 키오스크를 빼면 크게 달라진 게 없는 것 같습니다.

대중화에 걸맞게 그린피와 전체 경비는 많이 올랐어도 클럽하우스를 들어설 때 겨우(?) 만원만 내면 양복 재킷을 잠깐 빌려 입고 라카까지 갈 수 있던 고급스러움이나 한 여름 찜통더위에 남자가 다리를 드러내고 골프를 치는 흉한(?) 모습을 막아주던 절제를 잃어버리기는 했지만 여전히 우아한 모습을 유지하고 있습니다.

아~! 한 가지 작지만 달라진 게 눈에 띄네요. 목욕탕 앞에 붙어있던 {문신한 사람 입장금지/조직 폭력배 신고}〉 안내장이 안 보입니다. 워낙 눈에 띄었던 터라 신기했습니다. 만약 제가 뻔히 붙어있는 싸인을 못 본 게 아니라면, 이유가 궁금했습니다.

워낙 문신을 하는 사람들이 많아져서 일까요? 혹시 폭력조직 사람들이 문신을 안 하거나 이젠 아예 골프를 안치기 때문일까요? 아니면, 그것도 직업이다, 그렇게 인정을 해주는 문화 때문일까요? 버릇처럼 아무것도 아닌 걸로 궁금해하네요.

저도 한 때 문신을 했던 적이 있었습니다. '착하게 살자'는 아니었고요. 누구나 반드시 거치는 초보시절, 생각해 보면 스윙이 골프였던 시절이었습니다. 전날밤부터 생각하고 또 생각했던 스윙 메커니즘들이 첫 티박스에 올라가는 순간 허무하게 사라져 버리고 설사 생각이 났어도 몇 홀 지나지 않아 잊어버리는 라운드가 이어졌습니다. '내가 오늘 분명히 뭔가를 하려고 했는데...?'라는 생각은 나는데, 정작 '뭘' 하려 했는지가 기억이 나지 않았습니다.

스윙 팁이 될 수 있는 말들을 적은 손바닥만 한 메모장도 라운드에서는 별 소용이 없었습니다. 스윙을 하며 그걸 꺼내 보는 것도 쉽지 않은 일이었으니까요. 그러다 어느 날 골프장 목욕탕 입구에 붙어있던 문신입욕 금지 포스터를 보고 문신을 하면 좋겠다는 생각이 떠올랐었습니다.

'헤드가 공을 지나가는 걸 보자.' '오른쪽 발 뒤꿈치를 늦게 떼자.' 같은 문장을 어드레스를 했을 때 잘 보이는 팔뚝이나 오른손 엄지 뒤쪽, 손등과 손바닥이 만나는 부분에 썼습니다. 지워지면 또 쓰고 한 가지 스윙 팁이 익숙해지면 다음 팁이 새로운 문신이 되고... 초보를 벗어나려는 의지는 결연했습니다.

미국에서 공원을 가듯 골프장을 가서... 정말 땅을 깊고 심하게 파며 지금 기준으로 본다면 라운드라고 칠 수도 없는 첫 라운드를 했었습니다. 뉴욕의 클리어뷰파크(Clearview Park) 골프장이었는데 그래도 확실히 기억나는 건 어느 홀에 다다르자 보이던 퀸즈와 브롱스를 연결하는 뜨록스넥(혹은 트록스넥 Throgs Neck) 다리였습니다. 길게 쭉 뻗은 페어웨이 끝에 그린 넘어 보이던 웅장한 다리. 어쩌면 제 골프가 몇십 년 후 어떤 방향으로 갈 건지 이미 그날 결정이 되었는지도 모른다는 생각이 듭니다.

미국에도 레인지와 프로가 있었지만 여러 상황상 레슨은 선택지에 없었습니다. 미국에서 맥주를 마시며 공원으로 하이킹을 가는 것 같은 골프만 경험하다 한국에 오니 '우와~' 모든 게 정말 너무 다르고 훌륭하더군요.

골프를 치고 근사한 탕에서 목욕을 하다니...,

젊고 아름다운 여자분이 상냥하고 정답게 18홀 내내...,

한국의 골프는 정말 신세계였습니다.

못 쳐도 마냥 즐겁고 신났던 미국 골프가 잘 쳐야만 하는 한국 골프로 바뀔 수밖에 없었습니다. 서점으로 갔습니다. 여전히 레슨보다는 제 스스로 뭔가를 찾아내고 만들고 싶었습니다. 나름 머리를 굴려 20년의 시간 간격을 두고 책을 골랐습니다. 같은 아시아인인 일본의 스윙이론과 골프의 중심인 미국, 그리고 한국의 이론을 골고루 섭취하는 게 좋다고 생각했습니다.

느낌으로는 1950년대쯤 쓰인 것 같은, 글씨와 편집 그림까지 고색창연한 일본 골프 레슨 번역서 한 권, 역시 오래전 출간된 모던 골프(스윙)의 창시자 벤호건의 스윙이론서 한 권, 기억은 안 나지만 한국 레슨서와 최신 레슨서, 역시 기억은 나지 않지만 아마 타이거우즈의 스윙에 대한 책 한 권이었겠지요.

열심히 공부했습니다. 고려청자 같은 스윙이론과 벤호건의 스윙을 비교해 보고 타이거 우즈의 스윙을 따라 하려 애썼습니다. 오래된 책 안에는 잉크를 찍어 펜으로 그린 것 같은 삽화가 있었고 최신 출간된 책에는 사진이 있었지만 공부는 결국 상상이었습니다. 요즘처럼 유튜브로 앞뒤옆 위에서 자세하게 그것도 스윙을 잘라 보여주는 동영상이 없었으니 모든 건 상상력을 동원해 머릿속에서 영화를 찍는 것 외에는 방법이 없었습니다. 새옹지마라고 덕분에 저는 상상 속에서 제가 스윙하는 동영상을 쉽게 만들어 낼 수 있는 능력을 가지게 되었습니다. 덩달아 실력도 급격하게 좋아졌던 것 같고요.

문신의 효과도 나쁘지 않았습니다. 뭔가 머릿속이 단순해지는 느낌이 들었습니다. 어드레스에 들어가면 훌륭한 선생님이 귓전에 대고 딱 한마디 꼭 지켜야 할걸 알려주는 것 같은 느낌이었습니다.

문신은 예상외의 역할도 했습니다. 팔뚝 문신을 본 농반사들은 자신의 예전 초보시절이 떠오르는지 하나 같이 아빠 미소를 지으며 응원과 격려를 해 주었습니다. 동반자들은 잘 몰랐지만 골프공에도 글씨가 써진 걸 본 캐디들도 초등학교를 입학한 동생을 대하듯 누나 멘트를 날려주었습니다.

시간은 뭘 하건 어떻게 하건 참 잘도 흐릅니다. 팔뚝에 써진 글씨의 크기가 조금씩 작아지다 먼저 사라졌고, 오른손과 공도 팔뚝을 따라 문신에서 해방되었습니다.

이젠 문신을 했던 제 모습이 너무 오래전 추억이 된 시점에 서 있습니다. 그래서일까요? 가끔 조인으로 초보 골퍼들을 만나면 기특하고 격려해 주고 싶어 집니다. 제가 뭐나 되는 것 같은 착각이 들어서는 아니고요 다만 그 시간을 맞이했던 마음이 어떤지 문신처럼 제 마음에 선명하기 때문입니다.

혹시나 잘 못 치는 자신들의 골프실력 때문에 폐가 될지 몰라 미안해하는 초보 여러분. 걱정 마세요. 도움을 드리면 드리고 싶지 결코 골프실력 때문에 혹은 내 골프가 방해돼서 마음이 찌그러지지는 않습니다.

대부분의 골퍼들도 그러시리라 생각됩니다.
그 골퍼의 현재 모습이 어떻든, 모든 초보는 예전의 자신이 었으니까요.

삶을 위한 골프, 골프를 위한 삶

얼마 전 V와 골프를 쳤습니다. 시원한 샤워와 저녁까지 표준에 가까운 하루를 마치고 헤어지기 전 V와 짧은 대화를 나누었습니다.

V는 오늘 캐디가 좀 마음에 걸렸다고 하더군요. 가끔 그의 행동이 예상과 다른 적이 있었지만 오늘은 특히 의외였습니다. 남다른 구력의 V는 동반자들의 공이 어디로 갔는지 캐디 보다 더 잘 찾고 캐디를 포함한 동반자들의 감정의 흐름과 본심(?)을 잘 파악하는 골퍼였고, 라운드 내내 캐디에게 조금의 불만도 보이지 않았었기 때문입니다.

웬만하면 좋은 게 좋은 거라는 자세였지만 선을 넘었다 싶으면 표현을 하는 V가 뒤늦게 불편했던 마음을 이야기를 하다니... 더구나 제가 전혀 눈치를 못 챘었다는 게 놀라웠습니다. 라운드 중에 왜 이야기를 해 주지 않는지 물었습니다. V가 차분한 목소리로 설명을 합니다. 가끔 뭔가 살짝 무시를 당하는 것 같은 느낌이 들 때가 가장 어렵다고 합니다. 분명히 존댓말 하지만 속마음의 다름이 느껴지는 말투와 말의 타이밍 같은 거라고 합니다. 오늘이 그랬다고 합니다. 분명하진 않지만 느껴지는 불편함. 어쨌거나 V는 그래서 오늘은 라운드의 만족감을 지키려는 노력을 훨씬 더 많이 했다고 하더군요. 결코 캐디에 끌려 다니고 싶지 않았다고 합니다. 그리고 누군가와는 그런 자신의 마음을 나누고 싶다고 합니다. 아주 작은 스트레스였지만 그렇게 털어내고 싶었다고요.

그러고 보면 V는 라운드를 잘 마치고 난 후 특정 동반자와는 더 이상의 라운드를 사양하는 경우가 꽤 있었습니다. 동반자에 대한 비난 대신 동반자와의 인연을 멀리하는 방법을 택하는 것 같았습니다. 인연이 완전히 끊어지는 대신 흐리고 얇게 만드는 V. 찜찜하거나 또렷하지 않은 탐탐함에도 라운드 초대를 거부하지 못하는 골퍼의 눈에는 매몰차게 보이는 V. 한편 배우고 싶은 V의 단호함. 왜, 어떻게 V는, 그런 골퍼가 되었을까요?

그날 라운드를 마친 후 며칠 만에 다시 V를 만났습니다. 이번엔 호프집에서요. 이런저런 이야기를 하다 지난번 캐디 이야기가 나왔고 그의 마음 저변에 깔린 생각을 들을 수 있었습니다.

V는 50이 넘었고 기득권적인 사고를 가지고 있지 않지만 기득권 속하는, 최소한 기득권의 주변에서 기득권직인 삶을 산 사람입니다. V가 귀찮음 없이 언제든 할 수 있고 언제나 더 하고 싶은 것은 골프와 마음을 열고 나눌 수 있는 대화뿐입니다. 그 외의 다른 모든 것은 조건적이고 상대적입니다. V의 삶이 가장 확실하게 보이는 골프. 지금 그의 골프에서 보이는 선택의 간결함은 학교 덕분에 생긴 것이라고 합니다.

그에게 학교란 최소한 고등학교까지는 지식의 가르침을 명분으로 인격의 가치를 낮추는 곳이었다고 합니다. 고분고분 순응했고 공부라고 불리는 것을 잘하는 편이었던 V였지만 학교의 주분에서 한 발짝만 벗어나도 그런 V의 자세와 존재는 의미를 상실하는 경험을 여러 번 했다고 합니다. 끊임없이 인간으로서의 자아를 약화시키려 했던 학교 덕분에 그는 이미 어려서부터 삶에서 제일 중요한 건 세상 속의 가치가 아닌 자존(自尊) 임을 알아채게 되었다고 합니다.

V가 겪은 부조리와 불일치, 불합리는 사회의 순응을 이끌기 위해 만들어진 학교라는 시스템을 졸업하며 사회적 역효과를 냈다고 합니다. '왜'라는 생각이 드는 순간 그 이유의 답을 찾기 전까지는 그 어떤 것도 받아들이지 않는 자세를 가진 사람으로 만들었으니까요.

사회의 리허설과 프리뷰를 맡은 학교의 성공적인(?) 역할 덕분에 사회에 발을 들여놓은 V는 보편적인 선택과 결정과는 다른 길을 선택하는 경우가 더 많아졌고 덕분에 작은 성취과 큰 실패, 적잖은 상심의 시간을 겪었다고 합니다.

다양한 사람들의 본질과 면모가 고스란히 드러나는 골프를 통해 인간의 진정한 아름다움을 구별할 수 있는 눈을 가지게 되었고, '이건 다 너를 위한 거야'라는 소리의 진의를 파악할 수 있는 귀도 가질 수 있게 되었다고 합니다.

V의 질문이 떠오릅니다.
"세상에는 삶이 골프에 영향을 미치는 골퍼와 골프가 삶에 영향을 미치는 골퍼가 있어. 골프가 삶만큼 중요하다는 답을 얻기 위한 질문은 아니야. 삶을 어떻게 살아가고 있는지에 대한 질문에 가깝지. 근데 넌 어떤 골퍼인 것 같니?"

V는 아직 한 번도 골프에게 실망해 본 적이 없다고 합니다. 물론 골프를 치며 실망을 했던 적은 여러 번 있었지만요. V는 골프가 자신과의 게임, 대화, 나눔이 가능한 유일한 '것'이라고 합니다. 그가 오버하는 것인지도 모릅니다. 명상도 있고 등산도 있고 트래킹도 있는데 말입니다. 하지만 다른 것들은 정말 혼자해야 자신을 마주하는 기회가 주어지는 것 같다고 그는 말합니다. 그에 비해 골프는 동반자가 있어야 오히려 자신을 보는 기회가 더 진하게 찾아온다고 합니다.

그날 헤어지기 전 V가 이런 말을 했습니다.

"누구를 위해 치는 골프가 있을까 싶지만 세상을 위해 골프를 치는 골퍼도 가끔 있는 것 같아. 그게 무슨 말일까? 세상을 위해서 골프를 친다? 골프를 쳐서 세상이 이로워지는 게 과연 있을 수 있을까? 학교는 나를 위해 존재했던 걸까? 아니면 세상을 위해 나를 위하는 척해주었던 걸까?"

은퇴 골프의 꿈. 대통령 골프

　황제 골프와 대통령 골프는 둘 다 특별하고 웬만해서는 경험할 수 없다는 공통점이 있지만, 황제골프가 상황이나 세상이 변해도 가능한 황제라야 가능하다면 대통령 골프는 세상의 변화가 잠시 만든 틈이나 문이 열려 운 좋게 경험하는 것이라고 비유할 수 있을 것 같습니다. 당연히 전 황제골프를 경험해 본 적은 없습니다. 그래도 대통령 못지않은 대우를 받으며 골프를 친 추억은 있습니다. 아... 그리고 보니 전임 대통령 뒤의 뒷팀에서 플레이를 하며 앞팀은 백만 원의 금일봉을 받았다는 소식을 듣고 돈에 눈이 멀어 아쉬운 탄식을 내뱉었던 웃픈 기억도 떠오릅니다.

　정확한 시점은 기억이 나지 않습니다. 2003년에 정식 개장한 골프장이니 2002년 여름정도이지 않을까 싶습니다. 회원권을 두 개 밖에 가지지 않았지만 경기 북부 지역에선 아는 사람은 다 아는 유지였던 대선배가 가까이 지내는 후배 B를 특별 라운드에 초대했습니다. 그런데 저를 끔찍하게 아껴주던 B선배가 저를 추천했고 띠동갑도 넘게 차이나는 까마득한 후배였던 저를 좋게 생각해 주던 대선배도 흔쾌히 승낙, 대선배의 지인 포함, 싱글 3명과의 라운드가 결정되었습니다.

골프장에 도착하기 전까지는 하늘이 유독 더 파랗고 그래서 구름이 더 흰 날이란 걸 빼면 여느 골프 라운드와 다르지 않았습니다. 가건물 앞에 차를 세우고 내리자 깔끔한 정장 차림의 50대로 중반은 돼 보이는 골프장의 대표가 저희를 맞이했고 그를 따라 작은 가건물 안으로 들어섰습니다. 음료수가 놓인 맨 안쪽 방 회의탁자에 앉았고 가볍고 짧은 여담을 마친 내표이사가 벽에 걸린 지적도와 골프장 도면 앞에 서서 골프장의 개요와 설명을 시작했습니다. 당부와 부탁이 담긴 이야기로 브리핑은 끝났고 라운드를 위해 가건물을 나섰습니다.

밖으로 나오니 가건물 앞에는 4인승 카트 4대와 2인승 카트 1대가 나란히 서 있었고 4인승 카트 옆에 정열해 있던 캐디 4명이 양손을 가슴아래에 모으고 동시에 허리를 굽혔습니다. 누구도 별다른 설명을 하지 않았지만 카트 1대마다 골프백이 하나씩 실린 걸 보며 오늘 플레이는 1인 1 카트, 1 캐디란 걸 알아챘고 자연스럽게 저도 제 골프백이 실린 카트로 갔습니다. 캐디가 다시 한번 정형적이지만 제가 뭐나 된 듯한 착각이 들게 만드는 목소리와 표정으로 인사말을 하더군요. 캐디 옆자리에 놓인 아이스박스에는 얼음을 채워 시원한 음료수들이 준비되어 있으니 라운드 중에 드시라는 안내와 함께요.

1번 홀 티박스로 향했습니다. 맨 앞 카트에 대선배와 함께 탄 대표이사가 첫 홀 티박스에서 1번 홀을 다시 한번 설명하고 티샷을 시작했습니다. 다행히 4명 모두 깔끔한 티샷을 날렸고 4명 모두의 티샷이 끝날 때마다 크진 않지만 충분히 우렁차게 '굿 샷'을 외치던 대표이사는 카트가 페어웨이로 충분히 멀어질 때까지 1번 홀 티박스 근처에 서 있었습니다.

그날 골프장은 오직 우리 4명뿐이었고, 즐겁다는 단어로 표현하기엔 많이 부족한 정말 황홀한 라운드였습니다. 홀이 시작될 때와 그린을 떠날 때 간단한 의견과 칭찬, 감탄 혹은 드물지만 아쉬움을 나누었고. 멋진 샷들도 많았던 라운드가 마지막 홀에 이르렀습니다. 18번 홀 그린 근처에서 기다렸던 대표이사가 다가왔고 골프장에 대한 평가를 기다리겠다는 대표이사와 대선배가 길지 않은 이야기를 나눈 후 골프는 끝이 났습니다.

바로 다음날은 아니었지만 얼마 후, 골프장에 대한 평가, 아니 정확히는 7억 원 성도에 분양을 하고 싶어 했던 회원권의 가치에 대한 의견이 골프장의 대표이사에게 전달되었습니다. 물론 대선배의 의견이 핵심이었고요.

2003년 대통령 골프를 쳤던 그 골프장이 정식 개장을 합니다. 그런데 퍼블릭으로 개장을 하더군요. 정식 개장을 한 후에도 몇 번 라운드를 했습니다. 훌륭했습니다. 아니나 다를까 지금은 대한민국 최고의 비회원제 골프장 중의 하나로 훌륭히 자리하고 있는데 제 개인적인 생각이지만 정식 개장을 앞두고 뵈었던 그 대표이사의 노력과 판단이 결정적인 역할을 하지 않았을까 상상해 봅니다.

다른 회원권을 여러 개 가지고 있고, 대단한 지역 유지이고, 골프도 잘 친다는 조건만으로 누군가는 어떤 노력을 해도 불가능한 대통령골프를 오히려 초대를 받아들여 주는 게 고마운 위치에 선 대선배가 대단해 보였고 지금도 부럽습니다. 이제 골프에 대한 이해나 실력은 나름 일가견을 가졌으니 대선배 같은 부자만 되면 되는데, 지금까지의 노력으로도 되지 못한 부자가 되기 위해 노력을 하는 건 너무 어리석고 초라한 삶이 되는 시점을 이미 지나친 것 같습니다.

그래서 다른 방법으로 꿈을 꾸기로 했습니다. 언젠가 한 번은 골프장으로부터의 평가 라운드 초대를 받아 보는 꿈입니다. 어떻게 꿈을 이룰 거냐고요? 제가 선택한 방법은 글입니다. 사람이건 삶이건 골프건 언어와 글 보다 더 많은 것을 담고 깊게 전달하고 완벽하게 소통할 수 있는 방법은 없습니다.

인터넷에 올라 와 있는 수많은 라운드 후기들이 가지는 단순한 정보전달이나 보편적인 평가도 가치가 있지만, 누군가는 골프와 골프장이 가진 각별함을 찾아내고 그만의 고유한 방식으로 표현하고 공유하면 좋겠다는 생각을 합니다. 같은 골프장에서 함께 라운드를 한 동반자들도 각자 골프장에 대한 느낌은 너무 다른데 비슷할 수도 있고, 같은데도 너무 다를 수 있습니다. 그런데 대개는 그냥 너무 비슷하거나 그냥 너무 조금 다릅니다. 카메라 같은 기계로 찍은 사진도 말로 표현할 수 없이 다른 느낌을 주는데도 말입니다.

오직 나만이 느끼고 볼 수 있는 것들을 나만의 방법과 표현으로 글로 쓰고 유튜브 콘텐츠로 만들어 올리나 언젠가 골프장으로부터의 라운드 초대를 받는 꿈. 단 한 번이라도 이루어지기를 희망하며 오늘도 강바닥 흙을 떠서 흐르는 물에 씻기며 사금을 찾다 언젠가는 자신의 나이도 잊어버리는 어떤 사람으로 사라지겠죠.

내 골프는 지금 어디에

밤이 깊었습니다. 불을 끄고 가만히 창밖을 봅니다. 거대한 스톤헨지 같은 아파트 건물들 사이로 산과 하늘의 경계선이 흐릿합니다. 네모난 아파트 불빛들이 듬성듬성 아직 희고 노랗습니다.

십 년 전쯤 제 장례식에 놓일 자화상을 그렸습니다.

벌써 30년도 넘었네요. 여동생이 교통사고로 세상을 떠났을 때 처음 죽음을 현실에서 만났습니다. 마음에 내린 슬픔과 아쉬움이 한 겨울 꽁꽁 언 호수처럼 마음을 얼렸습니다. 하지만 오래지 않아 동생의 마음이 태양처럼 제 마음을 비췄습니다.

"오빠, 그건 내 마지막 선물이야. 오빠도 떠나며 마지막 선물을 할 거야. 그러니 기쁘게 받아요."

살아있다는 건 봄을 또 맞이하는 것이란 걸, 그리고 그건 아직도 살아 있음에 대한 고마움을 느끼는 것이란 생각에 마음이 따듯해졌습니다.

죽음은 무겁고 두려운 것일 수도 있지만 동시에 생명을 비추는 빛이란 것도 그때 알았습니다. 죽음은 오히려 삶이 초라해지거나 마음이 울적할 때 자주 찾아가는 곳입니다. 두 갈래로 갈라지는 곳, 두 개의 문이 보이는 곳. 횡단보도 한가운데 쳐진 노란 중앙선 위. 어느 쪽으로 가야 하는지는 죽음 앞에서는 분명해집니다.

장례식은 이미 죽었을 제가 꾸미는 마지막 무대입니다. 배우이며 감독인 제가 누군지, 어떤 사람인지를 보여주는 마지막 기회입니다.

나는 누구일까? 죽음에서 시간적으로 가장 가까운 시점의 내가 나일까? 아니면 가장 행복하고 잘 나가던 때의 내가 나일까? 나라는 것의 정의는 뭘까? 내가 생각하는 내 모습은 어느 시점에서 가장 원형에 가까웠을까?

비슷한 질문이 끝도 없이 이어졌습니다. 그러다 알았습니다. 그래 마지막 무대라면 내가 제일 좋아하는 나를 보여주자. 그리고 결정했습니다. 제일 마음이 맑았을 때. 사랑이라는 단어 하나 외에는 아무것도 쓰여있지 않은 무한한 여백을 가진 그때. 몸도 마음도 삶 앞에 가지런했던 21살 때의 나.

언젠가 내가 가장 '나'다웠던 시절의 내 모습을 보여 준다는 설렘에 그림을 그리는 내내 행복했습니다.

...

20년 정도 지나면 골퍼로서 저는 거의 사망하지 않을까 싶습니다. 물론 그때까지 살아있다는 가정하에서요.

골퍼라면 이런 질문을 받는 경우가 종종 있습니다. 라베가 몇 타 세요? 저를 잘 알지 못하는 사람이 물으면 한편 난감합니다. 라베와 현재 실력의 어마무시한 차이 때문에 자칫 어이없는 뻥쟁이로 보이는 게 싫어서입니다. 대개는 현재 핸디캡으로 답을 대신합니다.

"그냥 예전에는 조금 쳤는데요, 요즘은 80대 중반 정도 칩니다." 와중에 잘난척하고 싶은 마음인지 "예전에는 조금 쳤다"는 한마디를 글에도 붙이네요.

가끔 캐디가 1번 홀에서 준엄하게 묻습니다. 고객님들 드라이버 거리 알려주세요. 이번에는 후하게 부릅니다. 왜냐면 짧게 불렀다가 혹시라도 타구 사고가 나면 안 되니까요.
"220미터요. 런 포함요."
샌드웨지는 어디까지 치세요?
"70까지는 치는데 보통은 65까지만 칩니다."
구력은 묻기보다는 추측을 많이 하더군요.
"오래 치셨나 봐요…"

물론 오래가 몇 년인지 혹은 그 기간 동안에 몇 번을 쳤는지는 알 수 없으시만요. 하지만 그런 건 아무리 자세히 기록되었고 정확해도 결국 골프에 입혀진 옷이나 골프가 지나온 길에 남은 흔적이라는 생각이 듭니다. 어떤 골퍼인가는 어떤 옷을 입고 어떤 길을 걸었건 결국 그 골퍼의 마음일 것 같습니다.

지금 나는 어떤 골퍼일까? 그땐 어떤 골퍼였을까? 기록으로 남겨지지 않아 오직 나만이 알 수 있는 마음의 흔적을 찾아봅니다.

언감생심 공주를 만난 신문기자 조(Joe)처럼 골프를 만나 그 매력에 빠질 수밖에 없었던 영화 <**로마의 휴일**>이 보입니다.

값진 거라곤 하나뿐인 시계를 팔아 머리핀을 사 주고 싶은 단편소설 <크리스마스 선물>의 남편처럼 골프를 사랑했던 제 모습도 보입니다.

골프도 나만의 것으로 만들고 싶었고 나만의 자유로운 골프로 향해가던 영화 <**흐르는 강물**>의 폴(Paul) 같던 때도 있었습니다.

'열려라 참깨'라는 골프가 열리는 주문을 우연히 알게 된 알리바바와 골프의 룰과 장비제작까지 파고들며 골프를 이해하려던 <매트릭스>의 네오도 거친 것 같습니다.

그러다 어느 날 '행복은 나눌 때만 느낄 수 있다'는 마지막 글귀를 남기고 죽은 〈인투더와일드〉의 크리스처럼 세상을 등지기 위해 골프를 쳤던 때도 있었습니다. 동반자와 웃고 떠들지만 그럴수록 마음은 더 고독해졌던 그때. 그린을 등진채 뒷걸음으로 페어웨이를 걷던 버릇이 있던 그때였습니다.

그러다 죽음이 제 이야기가 되고 말았습니다. 한 겨울 시몬이 외투를 덮어주지 않았다면 얼어 죽었을 교회 앞 나신의 천사가 된 거죠. 하지만 누군가 외투를 덮어 주었습니다. 어느 날 자전거를 타고 동네 한 바퀴를 돌고 두근거렸던 심장이 다시 골프를 칠 수 있을 거라는 설렘으로 커졌습니다. 〈사람은 무엇으로 사는가〉의 시몬이 된 것 같았습니다.

우랄 산맥 깊은 곳에서 겨울이 끝나기를 기다리며 성에가 잔뜩 낀 작은 창문으로 밖을 바라보던 〈닥터 지바고〉의 지바고처럼, 골프마저 고통이었던 시간을 통과하며 결국 세상은 사람이고 삶은 사랑이란 걸 알게 되었습니다.

이젠 마지막 잎새 하나를 그려 한 사람을 살릴 수 있었던 화가 같은 골퍼가 되고 싶습니다. 그리고 〈닥터 지바고〉에 자신의 삶을 고스란히 녹여 부은 보리스 파스테르나크처럼 살 것 같습니다. '인간은 살기 위해 태어났지 삶을 준비하기 위해 태어나지 않았다.'는 말에 담긴 의미를 실천하고 생생하게 느낄 수 있는 골프는 마지막 친구일지 모릅니다. 끌어 모으고 지키는 시간을 줄이고 더 빨리 나누고 버리며 홀가분 해지는 삶으로 가라고 알려줄 수 있는 유일한 스승일지도 모릅니다.

초췌할 수 있음에도 치열하게 삶을 사랑하는 것에만 충실했던 지바고의 마음이 살아있는 골프, 그런 골퍼가 꿈입니다.

너

골프가 좋은 이유 10가지 12-22

Ai 시대, 골프가 뜰 수밖에 없는 이유

싱글은 쉽다. 싱글은 어렵다

92세 92타

토목왕과 빡빡이

플랜 B. 슬리퍼 스윙

버디는 두개만

첨 보는 분인데요?

올레 골프

영화관 조인골프

인연은 타원형

뭐? 골프 동호회?

Ai 시대. 골프가 뜰 수 밖에 없는 이유

    Ai. 영화 매트릭스와 영화의 모티브가 되었다고 알려진 책 [시뮬라크르(Simulacre)와 시뮬라시옹(Simulation)] 때문일까요? Ai를 생각하면 자연스레 SF영화의 장면들이 먼저 스쳐갑니다. 어떤 모습일지 궁극적으로 인류애를 가지는 '것'이 될지 불분명하지만 분명히 존재하는 Ai. 지금 이 순간도 꿀꺽꿀꺽 어마어마한 선기를 삼키며 자라고 있습니다. 자란다는 의미가 뭔가 어린싹이 자라는 것 같은 느낌인데 이미 거대해져 있을 Ai에겐 어울리지 않는 표현같네요.

    십 년 전만 해도 사용할 일이 없어 보였던 수의 단위 '경'도 간간히 쓰이는 요즘. Ai는 의미적인 단위로 이미 '경'에 도달한 것 같습니다. 어느 날 '해'를 넘기고 점점 다음 단계로 올라서는 시간이 빨라지다 어렵지 않게 '아승기'를 넘고 '나유타'와 '불가사의'가 되고 결국 수의 마지막 단위인 무량대수에 다다르겠죠. 다만 시간이 문제인데 그 시간이 그리 멀지 않게 느껴지는 게 저만의 착각이길, 그래서 예상보다 오히려 조금 더 늦게 찾아오길 바랍니다.

오늘은 Ai 시대가 골프에 미치는 영향을 상상해 보았습니다. 현실 속에서 골프장이 존재하고 골프의 모습이 어느 정도 지켜진다는 전제하에 해본 상상입니다. 모든 게 디스플레이나 현실과 구분되지 않는 증강현실 혹은 홀로그램, 심지어 뇌 속에 칩을 넣고 골프장과 골프가 그저 뇌신경안에서만 이루어지는 '것'이 되기 전까지만 유효한 상상입니다.

결론부터 말씀드리면 Ai 시대가 오면 골프의 위상과 인기는 더 높아질 것 같습니다. 골프를 즐기는 인간의 행복지수는 다른 어떤 그룹보다 높을 것입니다. 그리고 그 이유는 아이러니하지만 현재 골프가 가진 단점 덕분일 것입니다. 골프가 가진 속성 중 가장 큰 단점은 높은 비용, 배워 즐기기까지 걸리는 절대적으로 긴 시간, 아무리 빨리 치고 가까운 곳을 가도 최소 7시간 많게는 거의 하루가 걸리는 '시간'을 꼽을 수 있습니다.

Ai 시대가 오면 많은 일들이 편해지고 효율성도 높아질 것입니다. 법전과 판례를 기반으로 하는 법률 관련 직업, 인류전체의 의료기록과 논문이 저장된 아카이브를 통해 더 정확한 진단을 할 수 있는 의료계처럼 방대한 자료를 바탕으로 비교하고 판단하는 직업에 필요한 시간이 줄어들 것입니다. 그뿐인가요 이미 관련 업무의 효율을 현격적으로 높여주고 있는 번역이나 코딩은 물론 거의 모든 분야에서 효율과 시간의 혁신이 일어날 것입니다. 관련된 직업이 없어지거나 줄어들 거라는 예상이 많지만 저는 직업이 유지되는 방향으로 갈거라 생각합니다. 대신 노동의 강도와 시간이 줄겠죠.

Ai가 시대를 끄는 힘이 강해지면 강해질수록 세상은 시간이 남아도는 인간들로 넘쳐 날 것입니다. Ai 시대의 고민은 사회적으로도 개인적으로도 남아도는 시간의 해결이 될 가능성이 높습니다. 어떤 것도 너무 간단해지고 빠르고 효율적인 것들은 해결책이 되기 어렵습니다.

그때 골프가 빛을 발합니다. 한번 빠지면 헤어나기 어려운 재미를 가진 골프. 할 일도 많고 재미를 느낄 때까지 들여야 하는 시간이 그렇게나 긴데도 시간을 짜내서 치는 골프. 준비도 오래 걸리고 하는 것도 오래 걸리고 그럼에도 해도 해도 또 하고 싶은 골프의 속성은 시간이 너무 남아돌아 삶이 힘들어질지 모르는 Ai시대에 꼭 필요한 속성을 두루 갖추고 있습니다. Ai 시대의 어느 시점을 통과한 후 '골퍼'는 행복해질 수 있는 최적의 조건을 가진 사람을 부르는 대명사로 쓰일지도 모릅니다.

어쩌면 잘 노는 기술을 가지는 것이 삶에서 가장 중요한 덕목이 되는 시대는 일부 인류에게는 이미 도래해 있는지도 모릅니다. 생명체로써 죽음까지의 시간은 짧아졌지만 하루하루 맞이하는 시간은 무척 많아진 인류, 바로 은퇴자들입니다. 아껴봤자 쓸데도 없는 시간. 그냥 지내기엔 또 너무 아까운 시간. 무엇도 할 수 있는 자유지만 이왕이면 보람과 재미가 있어야 더 빨리 많이 쓸 수 있는 시간.

재미와 시간의 속도는 반비례합니다. 그렇게 느리게만 가는 시간이지만 재미에 빠지면 왜 그렇게 빨리 가는지! 아무리 시간이 천천히 흐른다 해도 무엇을 오래 했다는 사실이 보람을 줄 수는 없습니다. 결국 인간은 태어나 빠르게 흐르는 시간을 향해 시간을 쓰는 생명체일지도 모릅니다.

Ai 시대와 골프.

여러분은 어떤 생각이 드시나요?

싱글은 쉽다. 싱글은 어렵다

오늘도 아침에 일어나 구운 베이글 반쪽씩 나눠 먹으며 출근해야 하는 아내는 커피를 저는 우유를 반컵 따라 마시며 토론을 했습니다. 밤새 잠 속에서 흐릿했던 생각이 모양을 갖추며 선명해지는 것 같습니다. 일어나는 시간이 언제이건 잠이 깨면 순서 없이 여러 꼭지의 이야기를 하지 않고선 배길 수 없기 때문입니다.

시간은 정지하지 않지만 하루를 보내다 보면 잠깐씩 빈 시간을 맞이합니다. 그럴 땐 삶에 대한 생각을 합니다. 생각이라는 단어를 선택했지만 실은 거의 대부분 질문입니다. 그렇게 질문하고 답을 찾고, 하고, 미루고, 답이 나오면 또 그 답의 원류를 찾아가다 보면 마치 시간 여행자가 되는 느낌이 듭니다.

삶은 이야기입니다. 시간 속에서 태어나는 스토리. 이야기가 지어지는 삶. 이야기가 소중한 삶이라면 가능한 한 꾸미거나 거짓이 없는 나만의 이야기를 만들고 싶은 건 의식주의 구현방법 보다 훨씬 더 본질에 가까운 삶의 욕망일지도 모릅니다.

골프를 함께 하며 많이 놀랬고 배웠고 느꼈던 싱글 골퍼 두 분의 이야기입니다.

먼저 생애 첫 번째 라운드에서 92타를 치고 5번째 라운드에서 70대 타수를 친 계성인이란 분입니다. (물론 실명은 아닙니다.) 그렇게 싱글골퍼가 된 후 거의 대부분의 라운드를 70대를 지키는 골퍼였는데 혹시 믿어지시나요? 골프 천재를 이분 말고도 몇 분 접했지만 5번째 라운드 만에 70대를 치고 이후 70대 스코어를 유지했던 골퍼는 계성인 님이 처음이자 마지막이었습니다. 골퍼가 아니라면 몰라도 골퍼라면 믿기 힘든 전설 같은 이야기입니다. 뻥으로 들리는 게 오히려 당연할 정도로 일반적인 기준에서는 불가능한 일입니다.

골퍼 계성인을 만난 건 2천 년대 초반이었습니다. 당시 50대 중반이었던 그분은 노둠한 갤러웨이 X-16 그라파이트 레귤러 샤프트 아이언세트와 그와 비슷한 로핸디 싱글과는 어울리지 않는 골프장비를 사용했습니다. 플레이 스타일도 드라이버 거리가 유별나게 길거나 유난히 잘 치는 분이라기보다는 드라이버는 대강 쳐서 페어웨이에 공을 보내고 아이언으로 승부를 보는 스타일이었습니다. 그래서인지 특히 아이언이 좋았는데. 아이언의 탄도가 유별나게 높거나 구질이 특출 났다기보다는 안정성과 정확성이 높은 그런 방식의 아이언을 잘 치는 분이었습니다. 더구나 50이 넘어 골프를 시작해서 구력도 길지 않은 골퍼인데, 어떻게 그럴 수 있었을까요?

싱글골퍼 계성인은 한 업계에서 국내 최고의 기업을 일군 사람이었습니다. 자수성가 형식으로 사업을 성공시키느라 골프에 늦게 입문할 수밖에 없었고 그러다 보니 어떻게 하면 가장 효율적인 방법으로 골프를 성공할 수 있는지 고민을 했다고 합니다. 그리고 계성인은 자신만의 방법을 결정합니다.

1년간 KPGA 투어프로에게 한 달에 8번씩 독립 레슨을 받았다고 합니다. 물론 당시에는 유튜브도 없었지만 골프에 대한 모든 건 그 투어프로에게 전적으로 의존했고 레슨비도 일반 프로그램이 아닌 튜터, 즉 독선생 같은 레슨에 맞는 상당히 큰 금액을 지불했습니다. 당연히 레슨이 없는 날도 연습을 했는데 정말 대단한 건 1년 동안 필드에 나가고 싶은 욕망을 누르고 오직 레슨과 연습에만 몰두했다는 사실입니다. 당시에는 지금처럼 헤드스피드나 궤적, 입사각, 공의 스핀량을 알려주는 장비가 보급화 되지 않았던 시절이었습니다. 결국 레슨과 연습 모두 눈과 소리, 손으로 전해지는 감각으로 피드백을 해야 하는 시절이었으니 지금의 레슨과 연습과는 또 다른 차원의 노력이었으리라 상상해 봅니다.

그런 사실을 알고 난 후 그분과 공을 치며 매번 놀랐습니다. 어떻게 1년 동안 연습에만 집념할 수 있었는지, 더구나 5번째 라운드에서 싱글을 기록할 정도라면 공을 다루는 능력이 이미 차고 넘치는 시점을 통과하고도 필드를 나가지 않고 처음 세운 계획대로 따를 수 있었는지 정말 놀라웠습니다. 물론 필드로 나선 이후에도 꾸준한 연습은 계성인의 골프에서 매우 중요한 부분이었고요.

그분을 떠올리면 **계획, 성실, 인내**의 세 단어가 떠오릅니다. 세 단어 중에 하나만 부족했었어도 갈 수 없는 길을 완주한 분. 제가 가지지 못한 걸 아주 진하게 가진 분. 지금도 그분의 모습이 눈에 선합니다. 진심으로 존경심이 들었었던 분이었으니까요.

...

두 번째 인상 깊었던 싱글 골퍼는 계성인과는 달리 황금을 돌같이 보라는 격언처럼 연습장을 돌같이 보는 생마뇌라는 분입니다. 생마뇌를 떠올리면 손바닥이 떠오릅니다. 얼마나 부드러운지 싱글 골퍼의 손바닥이라고는 믿기 어려운 손바닥이었습니다. 생마뇌는 싱글에 들어선 후 10년에 한두 번 정도 연습장을 가고 그것도 본인의 샷을 점검하기 위해서가 아니라 누군가의 샷을 봐주기 위해서 갈 정도로 연습장과 스크린 골프와 담을 쌓고 지내는 골퍼입니다.

이분은 계성인과는 다른 개념의 효율성을 추구하는데요. 물은 아무리 끓여도 100도 이상 오르지 않는다' (물론 기압과 용질 여부에 따라 달라지지만요), 그리고 숨 쉬듯 치는 골프가 합쳐진 개념이라고 말할 수 있습니다. 한마디로 말하자면 꼭 필요할 때는 70대 중후반을 칠 수 있지만 그렇지 않을 때는 80대 초중반이면 만족하는 골퍼인 거죠.

생마뇌는 70대 초중반을 유지하기 위해 매일 연습을 해야 하는지에 대한 깊은 사유를 했다고 합니다. 그러다 연습에 들어가는 시간이 아깝다는 생각에 이르렀고 자연스레 아무런 연습 없이 80대 초반을 유지할 수 있는 방법을 찾았다고 합니다.

생마뇌는 그린을 무척 따집니다. 그린은 빠를수록 좋아하고 느리거나 표면이 고르지 않으면 그날 라운드는 정말 대강대강 치는 건지 마는 건지 집중이나 노력은 사라집니다. 이유를 물어보았습니다. 생마뇌가 어떻게 쳐도 80대 중반 이상을 치지 않을 수 있는 이유는 퍼팅 때문이고, 퍼팅만은 마음과 정신만으로 최고의 수준을 유지할 수 있기 때문이라고 답해 주더군요. 그래서 그런지 그린이 빠르고 일전한 페럼 CC 같은 곳에 가면 70대를 무난히 치는데 그린이 안 좋은 곳에 가면 거의 언제나 80대를 치는 것 같습니다.

드라이버를 칠 때도 결과를 만든다는 생각은 없다고 합니다. 그냥 잘 가면 운이 좋은 거고 설사 오비가 나도 그건 오비가 난 이후에 할 생각이지 결코 티샷을 하기 전에 해야 하는 생각이 아니라고 단정 짓습니다. 그리고 그런 생각이 드는 순간 생마뇌의 가장 강력한 무기 중 하나인 드라이버 티샷도 어김없이 흔들린다고 하고요.

아이언은 핀의 위치가 어디건 특별한 상황이 아니면 거의 대부분 의도적으로 짧게 공략한다고 합니다. 핀 하이보다 크면 보기가 쉽지만 짧으면 파가 쉽다고 합니다. 그래서 그런지 생마뇌는 죽을 때까지 자신에겐 홀인원은 없을 거라 합니다.

어떤 실수나 상황이 와도 **뇌**로 정확히 이해하고 쉽게 **마음**을 털어내고 **생각**의 힘으로 샷을 하고 펏을 하면 골프는 상상할 수 없이 쉬워진다고 합니다.

계성인과 생마뇌가 지금도 만들고 있는 그들의 이야기. 여러분은 어떤 생각이 드셨나요?

세상에 80억 개는 넘어갔을 것 같은 많은 이야기들. 내일은 잠에서 깨어나며 또 어떤 이야기를 나누게 될까요?

92세 92타

골프 기록 중에는 홀인원만큼 떠들썩한 이벤트가 없는 것 같습니다. 파 5 이글이나 언더파도 어렵지만 노력하면 만들 수 있는 가능성이라도 있지만, 홀인원은 노력으로는 이룰 수 없고 골프를 넘어 삶에 행운이 깃든다는 레토릭 때문에 유독 큰 축하를 받는 것 같습니다. 그런데 골프에는 아마튜어의 홀인원 확률과 비슷한 1만 2,000분의 1 확률을 가진 엄청난 기록이 또 있습니다. 바로 에이지 슛(age shoot)입니다. 에이지 슛은 몇 가지 조건이 있는데 코스의 길이가 최소 6,000야드를 넘어야 하고 당연히 멀리건(Mulligan)이나 컨시드(Concede/OK/Gimme)가 없어야 합니다.

골퍼로서 행운의 상징이 홀인원이라면 에이지 슛은 최고의 명예입니다. 더구나 프로의 명예처럼 다른 골퍼와 겨루고 승리하며 만든 전리품이 아닌 삶과의 끊임없는 대화와 사랑 속에서 마침내 수확하는 결실이기 때문에 홀인원과는 비교할 수 없는 다른 가치를 가집니다. 그런데 지금 지구라는 행성에는 97세가 돼서도 에이지 슛을 기록하고 있는 한 노인이 있습니다.

큐슈에 있는 오이타나나세 골프장에는 눈에 띄는 기념비가 있습니다. 2023년 5월, 96세 奉七郞(진 시치로)의 1,000번째 에이지 슛을 기념하고 축하하는 비석입니다. 시치로의 기록은 제가 아는 한 가장 나이 많은 사람의 1천 번째 에이지 슛 기록입니다. 기네스에 등록된 세계최다 에이지 슛 기록은 캐나다의 마이크 바버(Mike Barber)가 2023년에 세운 1,140회입니다. 당시 마이크는 84세였습니다. 물론 지금도 그의 기록은 늘어가고 있고 새로운 기록이 기네스의 인증을 기다리고 있습니다. 마이크 보다 더 많은 에이지 슛을 기록한 사람도 몇 명 있습니다. 하지만 기네스 기록이 되기 위해서는 그간의 모든 플레이를 기록한 스코어카드를 가지고 있어야 하고 동시에 라운드를 증명할 수 있어야만 하기 때문에 기네스 기록으로는 인정받지 못하고 있는 사람들입니다.

그럼 세상에는 1천 번 이상의 에이지 슛을 기록한 골퍼가 최소 몇 명은 있다는 건데, 왜 저는 시치로의 기념비를 보고 온

몸에 소름이 돋았을까요? 이유는 그의 기록이 가장 아마튜어다 웠기 때문입니다. 시치로가 처음 에이지 슛을 기록한 건 77세. 물론 놀라운 일이지만 한편 일어날 수도 있는 일이라고 여겨집니다. 현 기네스 기록 보유자인 마이크의 경우 첫 에이지 슛은 70세 때였습니다. 즉, 70세 때 70타나 더 낮은 스코어를 기록했다는 건데, 어떤 경우를 막론하고 아마튜어가 70타 이하를 기록한다는 건 극히 예외적인 경우입니다. 통계는 없지만 아마튜어 골프가 평생 한 번이라도 60대 타수를 치는 확률은 0.01%에도 미치지 못할 거라 생각합니다.

마이크의 경우 80대가 되고 나서 930번이나 에이지 슛을 했다고 합니다. 70세 때 60대 타수를 치는 사람이라야 가능한 기록으로 느껴집니다. 마이크는 작년에만도 280번의 라운드를 했다고 합니다. 한마디로 마이크는 거의 프로 수준의 실력을 가졌고 아주 드물고 삭별하게 긴강한 아마튜어 골퍼였습니다. 물론 78세 때 심장수술을 했고 페이스메이크를 달고 있는데도 일년에 280번의 라운드를 하는 열정이 없었다면 절대 불가능한 일이었겠죠.

1,370번 이상의 에이지숏을 기록했지만 공인받을 수 있는 스코어카드를 가지고 있지 않은 크레이그(Craig)라는 미국 골퍼도 첫 에이지 숏은 70살 때였습니다. 그 역시 젊어서는 60대 타수를 밥먹듯이 쉽게 치는 실력을 가진 골퍼였습니다.

그들에 비하면 시치로는 훨씬 더 아마튜어 다운 골퍼였습니다. 77세 때 77타 이하를 쳤으니 당연히 실력이 좋은 골퍼이지만요. 시치로는 말린 표고버섯 유통일을 하다 동업자의 권유로 48세에 골프를 시작했고 많을 때는 1년에 100회 이상 라운드를 했다고 합니다.

그런데 잠깐 궁금해집니다. 동반자 이외에는 사실 검증할 수 없는 아마튜어의 기록. 얼마나 믿을 수 있을까요? 각 나라마다의 골프문화 혹은 골프장의 방침에 따라 조금 더 신뢰가 가지 않을까 싶습니다. 이 부분에서는 유별나게 거의 모든 골퍼가 비슷한 곳이 있습니다. 일본입니다. 미국과 일본에서 동반자나 앞팀의 플레이를 보며 알게 된 사실인데 일본의 거의 대부분의 골퍼들은 설사 퍼팅을 다섯 번 여섯 번을 해도 정말 끝까지 퍼팅을 하고 스코어도 얼마가 나오던 양파에서 끊지를 않고 그대로 적는다는 것이었습니다. 덕분에 실력이 조금 떨어지는 골퍼로 구성된 앞팀을 만나면 정말 지루하고 오래 기다려야 하는 라운드가 되곤 합니다.

지금껏 어떤 대단한 골퍼가 나와도 타이거 우즈의 그림자 근처에도 흔적이 없습니다. 하지만 이제 제 마음속 타이거가 자리한 자리 바로 옆에, 타이거 보다 훨씬 더 당당히 시치로라는 한 골퍼가 서 있습니다. 사실 타이거에 대해서 제가 뭘 얼마나 알겠습니까? 상업적으로 만들어진 이미지들과 타이거에 의해 선별되고 가공되어 외부로 알려진 서사로 꾸며진 단편소설이나 영화를 보며 그게 타이거일 거라 착각을 하는 거겠죠.

문득 최근 본 기사가 생각납니다. 84세인 잭 니클라우스는 2022년을 마지막으로 골프를 접었다고 합니다. 82세였던 2022년 4번의 라운드를 했는데 어거스타(Augusta)에서 88타와 87타. 뮤어필드빌리지(Muirfield Village)에서 86, 84타를 치고 더 이상의 골프를 칠 이유가 없다는 생각이 들었다고 합니다. 정규 PGA투어 대회에서 71세 때 71타를 치며 마지막 에이지 슈터가 된 아널드파머가 87세에 생을 마감하지 않았다면 잭과 같은 이유로 골프를 그만두었을지 궁금합니다.

지금까지 알려진 가장 나이 많은 에이지 슈터는 103세의 아서 톰슨(Arthur Thompson)이었는데요, 과연 시치로가 7년 후 최고령 에이지 슈터 기록을 갈아 치울지 무척 궁금합니다.

1천 번의 에이지 숏은 일단 한국 골퍼에게는 어려울 것 같습니다. 우선 겨울이 너무 깁니다. 그리고 70이 넘어 일 년에 100라운드를 소화하기에는 한국 골프장들의 그린피가 너무 비쌉니다. 회원권이 있어야 하는데 그러기 위해서는 경제력이 상위 1%에 들어야 하고, 더구나 골프 실력과 건강도 겸비해야 하니 거의 불가능할 것 같습니다.

시치로는 최근에도 한 달에 7-8번 정도 라운드를 하고 있다고 합니다. 만 95세였던 2023년 초에는 세 번째 홀인원도 기록했고 시치로가 살고 있는 마을 주민들로 구성된 동호회에서 2개월에 한 번씩 정기 라운드를 가지며 주변 사람들과 적극적인 교류를 이어가고 있는 점도 놀랍습니다. 1천 회를 달성한 오이타나나세 클럽에서는 500회 때 세웠던 기념비 바로 옆에 1천

회 기념비를 세우며 기념 대회까지 개최해 주었다고 합니다. 대회를 마치고 시치로가 이런 말을 했다고 합니다.

"골프는 마음을 비우고 즐길 수 있고, 건강도 챙기고 동료들과 교류할 수 있는 점이 좋습니다."

시치로라는 골퍼를 처음 인지했을 때 알프스 거친 비탈길을 커다란 배낭을 메고 홀로 걷고 있는 트래커의 모습을 보는 것 같은 착각이 들었습니다. 모든 걸 양보하거나 미룬 채 오직 자신과 삶을 마주하기 위해 숨소리를 듣는 귀와 빛을 받아내는 눈, 심장과 폐, 다리, 그리고 등에 짊어진 먹거리와 텐트의 무게를 느끼며, 후회와 희망을 포함한 그간의 모든 선택이 자연스레 사라진 시간을 걷는 사람을 쳐다보며 드는 경외심이었습니다.

점점 가속도가 붙으며 빠르게 지나가는 남은 생의 시간을 기볍게 보내고 싶습니다. 그렇게 마음을 비워내는 시간을 타고 가다 종착역 즈음 어딘가에 다다른 제 모습을 그려봅니다. 혹시 운이 좋아 에이지 슛도 한 번쯤 했고 주변과 다음 세대에도 도움이 되었던 인간이며 노인이며 골퍼이길 바라봅니다.

토목왕과 빡빡이

예전 클럽이었던 곳이라 춤추는 무대로 사용되던 가운데 공간이 2층까지 뻥 뚫려있는 온통 까만 인테리어를 가진 펍(Pub)이었습니다. 저녁과 술을 한자리에서 해결할 수 있어 골퍼들에게 인기였죠.

테이블 옆으로 떡 벌어진 어깨 위아래로 승모근과 등짝 근육이 울리불리한 남자가 지나가는 게 보였습니다. 스님처럼 맨질맨질하게 면도를 해서 반짝이는 머리까지, 그쪽 분위기가 났습니다. 행여 시선이 마주칠까 바로 눈을 깔았습니다. 그런데 그 남자가 나를 쳐다보는 느낌이 들더니 몸을 돌려 제가 앉은 테이블로 다가오는 것 같았습니다.

'뭐야... 왜 이쪽으로 오는 거지?'
괜히 신경이 쓰여 머리를 굴리고 있는데 어느새 옆에 선 남자가 큰 소리를 외치며 허리를 굽히더군요.

"어우, 형님~!"

동반자들 눈이 휘둥그레졌고 저도 놀람반 당황반으로 남자를 살폈습니다. 워낙 컴컴한 공간이라 잘 보이지 않았습니다. 남자가 허리를 피더니 살포시 다가와 제 팔뚝을 붙잡고 활짝 웃었습니다. 빡빡이였습니다.

6개월쯤 전 가을이었습니다. 몇 번 골프를 쳤지만 정기적인 썸(some)은 아니었던 B가 한 명이 빈다고 제가 오면 다 따갈 거라며 내기 골프에 초대를 했습니다. 내기 골프는 따나 잃으나 부담이 있었고 아직 건강도 완전히 회복되지 않았지만 그날은 웬일인지 한번 쳐보는 쪽으로 마음이 기울었습니다.

현금을 뽑아 골프장에 도착했습니다. B의 소개로 나머지 두 명과 인사도 했고요. 한 명은 나이가 제일 많아 보였지만 유한 성품을 가진 분이었고 다른 한 명이 빡빡이였습니다. 모자를 벗고 인사를 했고 똑같은 체격이었지만 골프웨어를 입어서 인지 잘 웃는 인상이라 그런지 별다른 생각은 들지 않았었습니다.

골프를 시작했습니다. 현금이 바로 오가는 스트록 내기였는데 처음 치는 사람과 하기에는 꽤 큰 금액의 내기였습니다. 전화로 아주 물이 좋다던 B의 말은 허풍이나 꼬시려고 하는 괜한 말이 아니었습니다. 첫 홀부터 돈이 제 주머니를 찾아 몰려들었습니다. B는 누가 얼마를 잃고 따는지 중간 정산을 했습니다. 끝나고 잃은 돈과 딴 돈의 합이 정확히 0이 되는 않는 경우가 있어서 그런다고 하더군요.

8번 홀에서도 꼴찌로 또 터진 빡빡이가 웃픈 표정을 지으며 판소리 명창 목소리로 읍소합니다. "허어~! 이러다 지난번보다 더 타지는 거 아냐?"

후반이 시작되며 B마저 컨디션 난조를 보였고 제 주머니는 현금으로 더 불룩해졌습니다. 13번 홀. 파3에 도착했습니다. 폭 1.5미터 정도 되는 얕은 개울이 그린의 오른쪽을 따라 흐르는 홀이었습니다. 좋은 샷 한방이면 만회가 가능한 홀이라며 모두 초집중을 하더군요. 하지만 너무 집중을 한 건지 B의 공은 개울로 빡빡이의 공은 개울의 오른쪽 러프로 갔습니다.

빡빡이의 공은 깊은 러프에 박혀있었고 B의 공은 얕은 개울 한가운데 무성하게 자란 물풀 위에 떠있었습니다. 공이 살짝 잠겼지만 샷이 가능해 보였습니다. 하지만 신발을 벗고 왼쪽 발을 물에 넣는다 쳐도 물속으로 빠지는 왼발 때문에 개울가를 딛는 오른발이 너무 높아져서 수초 위에 떠있는 공을 띄워 개울을 탈출하기가 불가능해 보였습니다.

홀에서 더 먼 빡빡이가 있는 힘껏 채를 휘둘렀지만 깊은 러프 속에 있던 공은 폴짝 제자리 뜀뛰기를 했는지 못했는지 여전히 그 자리였습니다. 힘 좋은 빡빡이가 한번 더 힘을 쓴 후에야 그린으로 올라가는 것 같던 공은 야속하게 그린을 타고 넘어가 버렸습니다.

그런데 그 사이 숲 속으로 사라졌던 B가 낑낑 힘을 쓰며 꽤 큰 바위들 들고 나디났습니다. B가 가져온 바위를 물속 왼발 스탠스하기 좋은 위치에 '첨벙' 내려놓았습니다. 그리고 그 바위 위에 왼발을 딛고 멋지게 공을 쳐내 온그린 시키더군요.

아무리 봐도 무리한 경우였는데 B는 신발 벗기 싫어 그런 거지 룰을 어긴 건 아니라고 먼저 웃으며 큰소리로 중얼거리며 그린으로 올라갔습니다. 아무리 봐도 이건 아닌 것 같았지만 돈을 잃고 있는 두 사람이 가만있는데 제가 뭐라 하기가 적당해 보이지 않았습니다. 어차피 딴 돈은 저녁을 먹고 돌려주려고 했으니까요. B는 기어코 파를 해냈습니다.

라운드가 끝나자 저녁을 먹고 4명 그린피를 다 내주고도 남을 돈을 땄습니다. 딴 돈을 나누어 주려 하자 B가 제지했습니다. 그 썸에서는 내기로 잃은 건 모두 당일 쓰는 게 룰이라고 하면서요. 난감했습니다. 그런데 마침 그날 빡빡이는 일이 있어 저녁을 못한다고 했고 나머지 3명이 저녁을 먹고 남는 돈만큼 음식을 포장해 가는 식으로 딴 돈을 소진하는 건 어딘가 좀 너무 한 것 같았습니다.

그 썸의 대장격인 B에게 저도 저녁을 먹는 게 좀 그러니 그럼 다음에 그린피를 내주겠다는 제안을 했고 그날은 그냥 헤어지기로 했습니다. 그리고 골프장을 떠나기 전 딴 돈의 일부를 빡빡이에게 돌려주었습니다. 그리고 이렇게 많이 잃는 내기는 핑계를 대더라도 하지 말라는 당부를 했습니다.

핸디 차이에 따라 다르지만 대부분의 스트록 내기는 꼴찌가 잃은 돈을 1등과 2등이 나눠가지는 경우가 많습니다. B의 내기 썸은 그간 B가 줄기차게 1등을 했던 것 같았습니다. 그래서 그런지 한두 번 더 라운드를 한 후 B의 초대는 멈췄습니다.

빡빡이는 그때 일이 고마웠었나 봅니다. 딱 한번 쳤는데 저를 어찌나 반가워하던지... 어찌나 고마워하던지...

빡빡이는 B와 그 이후에도 내기 골프를 쳤는지 모르겠네요. 잃고 나서도 태연한 척했지만 그건 그나마 남자다움을 보이려는 노력이리라 추측하는데 설마 아직도 치고 있는 건 아니겠죠?

토목왕은 그날 이후 제가 붙인 저만 알고 저만 속으로 부르는 별명입니다.

플랜 B, 슬리퍼 스윙

골퍼라면 누구나 기억이 선명한 라운드가 있을 겁니다. 저도 대략 2천 번 정도의 라운드 중 또렷하게 기억나는 라운드들이 있습니다. 그중에서도 압권은 라운드 내내 굿샷만 날렸던 〈슬리퍼 라운드〉였습니다. 나름 공을 좀 친다고 여겼지만 그날은 스윙과 임팩, 소리, 탄도, 거리. 어느 것 하나 빠지지 않고 거의 완벽한 샷을 한 것 같은 느낌이 들었으니까요.

〈슬리퍼 라운드〉는 사실 건망증 덕분에 탄생한 우연이었습니다. 티박스에 올라 갑자기 골프공이 없어져서 내 공 어디 있냐고 묻는 순간 손에 쥐고 있는 공을 발견하는 귀여운(?) 건망증도 있지만 집에서 연습하려고 잠깐 빼둔 퍼터를 두고 골프장으로 출발하거나 골프장에 도착해 클럽하우스 앞에서 트렁크를 열었는 데 있어야 할 골프백이 안 보이는 황당하고 어이없는 사건처럼 꽤 심리적인 타격이 생기는 건망증도 있습니다.

7월 한 여름날 사건이었습니다. 미국 퍼블릭 골프장은 골프옷차림도 그렇고 그야말로 공원 가는 것처럼 그냥 '쓱' 집을 나서게 되는 경우가 많습니다. 흥겨운 음악을 들으며 골프장 주차장에 차를 세우고 트렁크를 열었습니다. 골프백을 내렸는 데 있어야 할 신발주머니가 안 보이더군요. 아뿔싸! 다른 골프화로 바꿔 놓으려 골프화를 꺼내고는 깜박했던 겁니다. 순간 머리는 띵해지고 왜 그렇게 가슴이 휑해지는지… 조금 답답하기도 하고 어이도 없고. 자연스레 시선이 자유낙하를 하더니 앞과 뒤가 없고 발등을 감싸고 있는 삼선이 선명한 슬리퍼에 꽂혔습니다.

제일 먼저 프로샵이 없는 골프장이라는 생각이 떠올랐고 이어서 슬리퍼만 신은 저를 본 스타터(starter: 미국 골프장에서 1번 홀로 나가는 순서를 담당하는 진행요원)의 반응이 걱정스러웠습니다. 슬리퍼를 신고는 라운드를 하지 못한다고 하면 도리가 없었으니까요. 다행히 인간미가 넘치는 익숙한 스타터의 덕담을 들으며 라운드를 시작할 수 있었습니다. 만약 그날 스타터가 고약한 사람이었다면 그날의 〈슬리퍼 라운드〉는 없었겠죠. 한국에서였다면 슬리퍼를 신고 클럽하우스를 들어가는 것도 불가능했거나 심한 눈치를 받았겠죠?

드디어 처음이자 마지막 〈슬리퍼 라운드〉가 시작되었습니다. 평소에는 오른쪽 엄지발톱이 땅에 직각으로 세워지는 피니시를 했지만 엄지발가락도 아플 것 같고 양말도 젖으면 맨발로 라운드를 하는 게 싫어서 스윙 내내 오른발 바닥이 가능한 한 끝까지 지면에 들러붙어있게 해야겠다는 생각으로 첫 홀 티샷을 날렸습니다. 결과는 놀라웠습니다. 드라이버 거리가 평소보다 최소 30야드는 더 나간 것이었습니다. 이어진 세컨드샷도 찰떡같은 임팩을 만들어냈습니다. 게다가 스윙도 얼마나 편안했는지 모릅니다. 제 스윙은 리듬과 템보가 부드러운데 그날은 그 부드러움 속에 힘이 모이는 구간이 더 또렷하게 느껴졌습니다. 대박이었습니다. 라운드가 끝날 때까지 동반자들의 '우와~!' 슬리퍼 신고 어떻게 이렇게 잘 치냐는 탄성이 이어졌습니다.

라운드를 마치고 곰곰이 생각해 보았습니다. 그리고 저 나름대로 이유를 찾아냈습니다. 중심이었습니다. 슬리퍼를 신었기에 발이 평소보다 조용했고 그 조용함이 무겁고 흔들리지 않는 무게 중심을 만들어 준 것 같았습니다. 스윙에 관해서는 많은 이론과 포인트가 있지만 프로와 아마튜어 스윙의 가장 큰 차이는 무게중심이 흔들리는가 아닌가에 있다고 생각합니다. 아무리 세게 휘둘러도 무게 중심이 흔들리면 정타도 힘들고 몸과 클럽, 중력과 회전력, 전환이 만드는 에너지에 누수가 생기니까요.

세월이 빠르긴 빠른 것 같습니다. 벌써 10년도 넘은 옛날 이야기가 되었으니 말입니다. 하지만 그날 이후 꽤 자주 그날을 떠올립니다. 너무 신기한 경험이었고 그날 이후 〈슬리퍼 스윙〉은 저의 플랜 B가 되었으니까요. 가끔 중심이 잡히지 않는 것 같고 샷에 힘이 실리지 않는 날에는 〈슬리퍼 라운드〉를 떠올립니다. 슬리퍼를 신었다는 상상뿐이지만 체험으로 확신해서 그런지 저의 경우에는 효과가 무척 좋습니다.

골퍼라면 누구나 하나는 가지고 있어야 하는 플랜 B. 혹시 아직 마땅한 플랜 B를 찾지 못하셨다면 〈슬리퍼 스윙〉을 권합니다. 필드에서 스윙이 안될 때, 특히 공도 맥없이 날아가는 것 같고 거리도 나지 않을 때, 〈슬리퍼 스윙〉을 꼭 한번 시도해 보시길 바랍니다. 상상으로 신는 슬리퍼가 여러분의 더 멋지고 만족스러운 라운드에 도움이 될 거라 확신합니다. 물론 만병통치약은 아니겠지만요.

버디는 두 개만

한창때였습니다. 아이언을 잡으면 그린 위에 있는 작은 양동이만 한 지점으로 공을 보낼 수 있었습니다. 드라이버는 갖다대기만 해도 베이비 드로우가 걸리며 230미터. 페어웨이는 좁으면 좁을수록 더 의욕이 생겼고 즐거웠습니다. 210미터 파3에서는 김미현처럼 7번 우드로 고탄도 고백스핀 샷을 구사하며 손쉬운 버디 기회를 만들곤 했습니다. 어프로치는 써먹을 일이 별로 없었고 잘할 필요도 별로 없었습니다. 어차피 온 그린이 되면 아무리 멀어도 거의 들어가거나 설사 안 들어가도 투펏 이상은 거의 나오지 않았으니까요.

믿기 어려우시죠? 저도 그렇습니다.

혹시 잭 니클라우스의 '완벽한 착각' 이야기를 들어 보셨나요? 예전 잭이 한창 잘 나갈 때, 한 이벤트에서 잭 니클라우스가 자신은 대회 마지막날 마지막 홀에서 단 한 번도 3 펏을 한 적이 없고 1.5미터 거리 안쪽 펏을 놓친 적이 없다는 말을 했습니다. 그러자 한 사람이 최근 한 경기에서 잭이 72번째 홀에서 3 펏을 했다는 걸 지적했습니다.

잭이 다시 한번 확신에 찬 말투로 말했습니다.
"나는 단 한 번도 그 적이 없습니다."

그 사람이 다시 받아쳤다. 왜냐면 잭은 거짓말을 하고 있었으니까요.
"기억이 없으신 것 같은데 비디오테이프를 보내드리겠습니다."

그러자 다시 잭이 단호하게 말했습니다.
"아니요. 그럴 필요 없습니다. 거기에 있던 사람이 바로 나고 나보다 그걸 잘 알고 있는 사람은 없습니다."

잭은 정말 그렇게 믿고 있는 것 같았습니다. 총을 뽑는 속도를 따라갈 사람이 세상에 없다는 확신으로 대결을 이어가는 서부 영화에 나오는 대단한 총잡이의 '망상에 가까운 확신

(Positive delusion)'과 비슷한 확신이었지만 그 확신은 잭의 많은 우승을 이끈 중요한 원동력이었습니다.

잠깐 골프가 너무 쉬웠던 그때 저도 그랬습니다. 뭘 얼마나 제 생각대로 결과가 나왔겠습니까? 하지만 저도 거의 완벽한 착각을 하고 있었을 뿐이었죠.

라운드 당 파 5 평균 버디가 1.8 정도였고 라운드 평균 버디수가 3.0을 넘나 들던 때였습니다. 여자지만 드라이버 거리가 180미터 정도로 정말 멀리 쳤던 하지만 나머지 게임이 들락거리는 바람에 잘 치면 80대 초중반을 쳤던 A. 골프를 친지 꽤 오래되었지만 툭하면 90이 넘어가는 전직 80대 골퍼 B. 실력은 90대 중반인데 80대 초반 골퍼로 착각하는 C.

ABC는 모두 한 업계의 최종 결정권자나 그에 준하는 직위를 가진 사람들이었습니다. 워낙 현금흐름이 큰 업계라서 그런지 일이 진행되는 곳과 방법, 기타 등등 모두 최고 수준이었고 그래서 그런지 몸에 밴 매너도 유려했고 빵빵한 법인카드와 개인적인 캐시 플로우도 남달랐습니다. 좋은 인성을 가진 사람들이었고 무엇보다 골프에 진심이라 골프를 잘 치는 사람을 좋아하고 인정하는데 인색하지 않았습니다.

C의 무기명 법인회원권으로 세금만 내는 라운드였습니다. 가끔 확고한 착각이 현실이 되는 경우가 있는데 그날이 그랬습니다.

첫 버디. 동반자들이 소리칩니다. "오호~!"
두 번째 버디. 동반자들의 축하가 뜨겁습니다. "역시~"
세 번째 버디. 동반자들의 목소리가 조금 작아진 느낌입니다. "우와~!"

네 번째 버디챈스. 제 퍼팅 차례가 되었는데 동반자들은 모두 그린을 떠나 카트로 가더군요. 그린에 덩그러니 혼자 남아 펏을 하려니 그 어색함이란..

펏을 넣고 카트 방향을 돌아보니 카트에 앉은 3명은 이야기에 열중이었습니다. 워낙 큰 프로젝트를 함께 진행하는 경우가 많아 자기들끼리 무슨 중요한 이야기가 있나 싶었습니다. 카트에 도착해 자리에 앉았는데도 골프가 사라진 건지 제가 사라진 건지...

다음 홀로 가는데 이상하게 마음이 편안하지가 않았습니다. 라운드가 이어지며 버디 챈스가 몇 번 더 찾아왔지만 하나도 넣지 못했습니다. 일부러 안 넣으려고 한 것도 아닌데 마치 안 들어가길 바랐던 사람처럼 공은 멋지게 홀을 외면했습니다. 어렸을 때 딱지 따먹기를 하다 딱지를 다 잃고 친구들 3명이 하는 게임을 옆에서 구경하는 것 같은 기분이었습니다.

그런데 버디를 놓치기 시작하자 "너 이거 줄게 같이 놀자'라며 친구들이 딱지를 조금씩 나눠두는 것 같은 느낌도 들었습니다. 라운드를 마치고 근사하고 비싼 고깃집에서 저녁을 먹었고 노래방 2차까지 마치고 즐거운 하루를 마감했습니다.

...

건강에 적신호가 켜진 후 유독 몸 컨디션이 좋지 않은 날이 잦았던 때였습니다. 그런 날엔 특히 드라이버가 엉망이 됐고 아이언도 평소보다 한 클럽 반은 덜 나간다는 걸 이미 여러 번의 경험으로 알고 있었습니다.

그나마 전장이 짧은 코스라 다행이었고 망신만 당하지 않으면 좋겠다는 마음으로 라운드를 시작했습니다. 첫 홀부터 드라이버가 맥없이 날라 170미터나 갔을까요? 한 클럽 더 크게 잡았는데도 짧았고 간신히 3온을 한 후 그린으로 올라섰습니다.

그런데 눈이 휘둥그레졌습니다. 그린이 주는 느낌이 있는데 표면이 이쁘하고 적당한 습기를 가졌지만 부드러우면서 빠른 보기에도 황홀한, 이쁜 그린이었습니다. 심장이 파르르 떨렸습니다. 리비도가 활성화되는 느낌도 들었습니다. 무아지경 속에서 감각만 살아 잔디 잎새 하나하나가 느껴지는 퍼팅이 가능한 그린이었습니다. 그린에서만은 없던 힘도 생기고 '잭의 확신'이 춤을 출 것 같은 생각이 스쳤습니다.

보기, 파로 두 홀이 지나고 3번 홀. 여전히 엉망인 드라이버. 세컨드샷을 워낙 크게 쳤는데 운 좋게 온그린. 확실한 내리막. 저는 빠른 그린에서 태우는 펏을 가장 좋아하는데 거의 언제나 다 넣을 수 있다는 착각이 듭니다. 이런 확신이 들면 공이 홀컵에 들어가기 전까지 스파인 앵글과 나머지 자세가 조금도 흐트러지지 않습니다. 그린 대로 공이 따라가더니 땡그랑. 홀컵에 빨려 들어갑니다.

클럽 멤버인 호스트의 찬사가 쏟아졌습니다.
"나이스 버디! 여기 그린이 어려운데, 그린이 핸디캡인데... 펏 정말 좋다."

다음 4번 홀. 프린지에서 어프로치를 했는데 또 땡그랑. 버디. 동반자들 모두 행운을 축하해 주었습니다.
"오오... 나이스 버디. 역시 실력이 좋아."

5번 홀. 어찌어찌 대강 온을 시켰지만 정말 어려운 S라인 사이드 업다운 펏. 펏을 하자마자 들어갈 거란 확신이 들었습니다.
"나이스 버디"
축하의 목소리가 조금 차분진 것 같았습니다.

6번에서는 파를 기록했고 7번 홀에서 또 그림 같은 버디펏이 떨어졌습니다. 이번에는 나이스 버디라는 말 대신 주먹을 마주쳐주는 동반자들.

그런데 8번 홀에서 또 버디.

전반 마지막 홀. 진행이 밀려 대기하는데 동반자들이 제가 참여할 수 없는 그들만의 주제로 이야기를 시작합니다. 그리고 이야기에 몰입해 가는 동반자들을 보며 방구석에 쪼그린 주인공이 점점 작아지는 만화를 보는 것 같은 느낌이 들었습니다. 카트에서 내려 근처 나무 아래 그늘로 가 섰습니다. 이런저런 생각들이 마음을 헤집기 시작했습니다.

"나는 왜 골프를 치는 걸까?"에서 시작한 질문들이 점점 멀어지다 "나는 왜 이곳에 있는 건지..."라는 질문까지 다다랐습니다.

어찌어찌 마지막홀에 파3 18번 홀에 도착했습니다. 135미터를 일부러 드라이버로 티샷을 하고 벙커에 에그프라이가 된 후 더블로 막을 수도 있었지만 이왕 하는 거 양파까지 채웠습니다. 동반자들의 안타까움과 친근함이 살며시 터져 나왔습니다.
"이 홀 양파만 아니었으면…"
"이제야 좀 인간적으로 보인다"

골프에 대해 또 한 번 생각을 깊게 할 수 있었던 라운드였습니다. 제 골프를 만들어 준 또 하나의 소중한 라운드였습니다.

…

정확히 언제부터인지는 몰라도 골프 라운드에서 가장 소중한 건 동반자라고 생각하게 된 것 같습니다. 좋은 마음으로 동반자를 쳐다보는 제 마음을 만나는 곳이 골프장이기 때문입니다. 그래서 5번째 동반자 캐디도 소중하게 대합니다.

내가 준 관심과 애정, 좋아함, 존중과 인정에 기뻐하는 사람을 볼 때 저는 엔도르핀을 맛봅니다. 삶이 곧 사랑이라는 믿음도 이유가 같습니다. 마음 좋은 라운드는 삶이라는 거대한 피라미드를 받쳐주는 밑돌입니다.

뭐 요즘은 그러고 싶어도 안되지만 그럼에도 버디는 딱 2개가 적당한 것 같습니다.

이유는 정확히 모르지만 답은 아는 경우일까요? 아, 물론 비슷하게 버디를 만드는 동반자와의 라운드는 예외이고요!

첨 보는 분인데요?

벌써 15년쯤 전 일이네요. 스타트를 앞두고 연습그린에서 퍼팅을 하고 있는데 T가 보였습니다. 정말 오랜만이었습니다. 호감비호감을 떠나 골프를 여러 번 쳤던 사람이라 이왕이면 반갑게 아는 척하고 싶었습니다. 그에게 다가가 웃으며 인사를 했습니다.

"안녕하세요~! 오랜만입니다."
그의 눈동자가 미세하게 떨리는 것 같더니 고개를 갸우뚱하며 입을 열었습니다.
"누구시죠? 절 아세요? 첨 보는 분인데요?"

T를 마지막으로 본 건 1년 전쯤이었을 겁니다.

어느 날 저녁 8시쯤 T의 전화가 왔습니다. 술 한잔 살 테니 같이 가자는 전화였습니다. 주로 짧은 치마를 입은 서비스 요원들이 옆에 앉아 과일도 입에 넣어주고 술도 따라주는 곳이라며 잘 아는 서비스 요원이 한 명 있는데 그 요원을 꼭 만나야 한다고 했습니다. 아내가 다른 사람은 몰라도 나는 믿는다며 아내에게 저와 한잔 하는 걸로 이미 이야기를 해 놓았다고 했습니다. T의 직업은 아내의 눈치를 봐야 하는 셔터맨이라 측은지심이 발동했습니다.

여러모로 제겐 재미가 없는 곳이었습니다. T가 만나야만 했던 요원도 T에게 그렇게 혹해하지 않는 것 같았습니다. 거의 불행한 2시간이 흘렀고 계산서가 들어왔습니다. T가 계산서를 들어 보며 곤란한 표정을 짓더군요. 지갑을 열어 현금을 꺼내며 저보고 요원들 팁을 좀 내달라는 요청을 했습니다.

마음이 내키지 않았지만 T의 알리바이를 위한 부탁을 거절하지 못하고 거의 억지로 함께 해준 시간이었고 요원답지 못한 요원들 덕분에 분위기를 맞추려 2시간을 노력한 내가 오히려 팁을 받아야 한다는 생각을 하던 참이었는데 돈을 내라니...

T와의 만남과 골프가 한꺼번에 몰려들었습니다.

같은 동네에서 살던 T를 처음 만난 건 3년 전이었습니다. 동네 골프장에서 우연히 조인을 했던 첫 라운드. 몇 홀이 지나며 5살 차이 나는 나이를 알게 되었고 이젠 조금 편안하게 말해도 되겠지라는 표정으로 T가 물었습니다.

"골프 친지 얼마 안 됐죠? 한 1년 정도 되었으려나?"

"아… 네…"

회복세로 접어들었지만 아직은 골프채를 휘두르는 것도 힘에 부쳤던 때라 공을 제대로 맞추지 못했고 가끔 헛스윙도 해 댔으니 한편 당연했는지도 모릅니다. 다른 곳에서도 그렇지만 골프장에서 '예전에 난 어땠다'라는 말이 가난하고 허무한 이고(Ego)를 고스란히 드러낸다는 걸 알고 있었기에 그냥 얼버무리며 "네…"라고 짧게 대답했습니다.

그 후 일주일에 한 번 꼴로 공을 치자는 전화가 왔습니다. T는 소소했지만 내기가 중요한 골프를 좋아했는데 저는 꼴찌로 안성맞춤인 사람이었습니다. 서너 번 동반 라운드를 할 때까지 저는 T가 내기골프 썸(some)을 구성할 때 제일 처음 전화 하는 골퍼가 되었습니다.

그러다 어느 순간, 언제나 1등을 했고 내기에서 딴 돈으로 기분 좋게 밥을 사는 사람이 T가 아닌 제가 되었습니다. 제 골프가 성큼성큼 회복되며 T의 전화도 띄엄띄엄 해 졌습니다. 그래도 마지막 한자리를 채우지 못할 때는 여전히 제게 전화를 했었습니다. 그러던 와중에 요원이 보고 싶은 날 제게 전회를 했던 거였죠.

T는 아내 때문에 카드를 쓸 수 없어서 그러니 나중에 갚겠다고 했지만, 여러 차례 부탁을 했지만 저는 끝까지 거절했습니다. 결국 T는 요원 앞에서 얼굴이 깎이는 수모를 당했고 모자라는 돈을 다음날 주기로 하고 자리를 파했었습니다. 놀아오는 차 속에서 T는 아무 말도 없었습니다. 고요하고 지루한 시간이 길어지면 T는 담배를 꺼내 물고 깊게 마신 후 뱉기를 반복했습니다. 아마 T는 그때 마음의 결정을 한 것 같았습니다.

T가 연습그린을 떠나고 나서도 골프를 열 번도 넘게 쳤고 요원이 있는 술자리까지 했던 T가 모른다며 말하던 얼굴이 자꾸 떠올랐습니다. 신기했습니다. 즉흥적인 판단이었다면 대단하다는 생각을 했고 이내 어쩌면 마음이 불편해지는 사람을 상대하

는 T만의 방법일지도 모른다는 생각도 들었습니다.

아... 그런데 참... T에게는 운이 없는 날이었습니다. T 바로 뒷팀에서 제가 플레이를 했으니까요. T가 '전혀 모르는' 어떤 골퍼가 18홀 내내 뒤에서 자신을 쳐다보는 게 아마 T에겐 엄청난 부담이었을 겁니다. '전혀 모르는 나'를 의식해서인지 T가 첫 홀부터 무너지는 게 보였습니다. 그러다 후반 첫 홀, 앞팀에 T가 보이지 않았습니다. 집으로 간 것 같았습니다. 저도 마음먹었죠. 이제부터 나도 B를 모르는 사람으로 생각하는 게 낫겠다라고요.

하지만 2년쯤 흐른 후 운명처럼 T를 만났습니다. 제 인생의 멘토인 J 아저씨가 저만큼 잘 치는 골퍼가 있는데 한번 같은 조로 쳐보자며 초대를 했습니다. J 아저씨가 속한 동문회 멤버는 아니지만 워낙 잘 쳐서 동문회의 명예 멤버로 활동을 하는 사람이라고 했습니다.

J 아저씨와 1번 홀에서 대기를 하고 있는데 늦게 도착한 싱글골퍼가 부리나케 달려 다가왔습니다. 순간 그 사람도 를 보았고 저도 그 사람을 보았습니다. T였습니다.

그때 순간이었지만 T의 표정, 다가와 '처음 뵙겠습니다'라며 악수를 청하던 모습... 정말 드라마틱했습니다.

제가 왜 그런 생각이 들었는지 모르지만 오늘은 정성을 들여 제대로 쳐야겠다는 마음이 들었습니다. 시작부터 신심으로 골프를 쳤습니다. 내기를 해도 그렇게 쳐 본 적이 없었습니다. 무너지는 동반자를 보면서도 나만의 골프에 그렇게까지 집중했던 적은 없었습니다.

18홀이 끝나고 나니 아쉬운 퍼팅 실수 때문에 74타를 쳤습니다. T요? 어땠을까요? 첫 홀부터 불안 불안하더니 자멸에 자멸을 거듭했고. J아저씨는 그런 T에게 오늘 왜 그러냐고 어디 아프냐는 말을 반복했고 딱한 눈초리를 보내기에도 민망했는지 골프가 참 어렵다는 말을 대신 읊조렸습니다.

라운드가 끝나고 함께 모여 식사를 했습니다. 당연히 조별로 앉았고... 마침 T는 내 앞자리. J아저씨가 '이 골프장에서는 보통 몇 개를 치냐'라고 물었습니다. 그때 저도 참 잔인한 면이 있다는 걸 알았습니다. "이 정도 골프장에서야 한 개나 두 개 정도 쳐야죠. 정말 컨디션이 안 좋으면 5개 정도 칠 것 같습니다."
물론 이 대답은 T가 들으라고 한 것이었습니다. T가 없었다면 "80대 초반 정도 친다"라고 대답했겠죠. 라운드 내내 또 뒤풀이 식사자리 내내 B는 조용했습니다. 아 한마디는 했습니다. 오늘 정말 몸 컨디션이 너무 안 좋았다고요. 몇 년 만에 처음 90대를 쳤다고요.

집으로 돌아가는 길에 마음이 편치 않았습니다. 그렇게까지 할 필요가 있었나 싶었습니다. 예전 내기 골프를 하며 동반자 한 명이 어디서 저런 친구를 데려왔냐며 투덜댈 때 T가 하던 말이 떠올랐습니다.

"저 친구, 몸이 안 좋아. 전반이라 그럴 거야. 후반 들어서면 체력이 빠져서 못 쳐. 걱정하지 마. 내가 다 알아."라는 이야기를 듣지 않았다면…

죽은 곳에서 유별나게 자주 부활하는 공을 가진 T의 골프가 내가 추구하는 골프와 아무리 안 맞았어도 그냥 그러려니 할 수 있었다면…

저를 그냥 돈 잃어주는 만만한 초보로 생각을 했건 말건 불러주니 고맙다는 생각만 했었다면...

뭘 보여주고 가르쳐주려 했는지 몰라도 너무 했다는 후회가 들었습니다. 그날 T는 얼마나 상심을 했을까요. 이세 만닐 일은 없지만 마음으로라도 '미안했다고. 너무 잔인했다고.' 말하고 싶습니다. 그래도 J아저씨의 동문 모임에는 잘 나갔을 것 같습니다. 어디서건 돋보이는 골퍼가 되길 바라는 골퍼였으니까요.

저는 이제 내기 골프를 잘 안 합니다. 해도 내기가 재미를 위해 존재하는 선을 절대 넘길 수 없는 내기만 합니다. 그리고 한번 이기면 한번 져주고 싶습니다. 그렇게 된 데 기여한 또렷한 라운드와 골퍼들이 있습니다. T도 그중의 하나입니다. 내기는 안 그래도 벌거숭이가 되기 쉬운 골프에 X-ray 기계를 가져다 대는 것처럼 골퍼라는 피부를 투과해 인격과 인성을 비춰주기 때문입니다. 무엇보다 누군가에게 실망하는 제 모습을 마주하는 게 너무 괴롭기 때문입니다.

언제부터인가 보지 않으면 좋은 것들이 보일 것 같으면 고개를 돌립니다. 한 발자국 물러섭니다. 인연을 오래 가지려는 목적이 아닙니다. 오히려 인연을 얇게 만들고 싶은 노력입니다.

이젠 사이사이 작은 벤치를 놓습니다. 힘들면 쉬어가고 안 힘들어도 저만치 가면 또 쉴 곳이 있다는 희망이 필요하니까요.

인간애, 자비심, 이해, 용서, 반성, 성찰, 겸손, 베풂.... 뭐 그런 멋진 단어가 쓰여있는 벤치들 말입니다.

둘레 골프

인상 깊었던 골프장이 어디냐고 누가 묻는다면 이느 골프장이 떠오르시나요? 저도 제게 질문을 방금 해 보았습니다. 순간 머릿속에서 어느 골프장인지 모를 홀(hole)들이나 그런 홀들에서 보였던 장면들이 영화처럼 떠오릅니다. 골프장에 대한 질문이었는데 왜 홀들이 떠올랐는지 모르겠습니다.

요즘 유튜브에는 골프장도 소개하지만 주로 자신의 플레이를 기록해서 보여주는 유튜버들이 꽤 있는 것 같습니다. 그런데 참 이상하죠. 아무리 다른 골프장 다른 홀이라도 플레이어의 플레이를 통해 보이는 홀은 감흥이 크지 않습니다.

왜 그럴까요? 저만 그런 건가요?

웬만한 스타 선수라도 각별한 관심을 가진 선수가 아니라면 그 선수의 플레이만 보여주는 동영상은 지루한데 누군지도 모르는 어떤 아마튜어의 골프를 쳐다보며 마음이 끌리기는 힘든 것 같습니다.

그에 비해 골프가 더 골프다워질 수 있게 만들어 주었던 장면들은 언제 떠올려도 감동적인 기억들입니다.

죽는 날까지 오히려 기억 속에서는 더 선명해질, 잊을 수 없을 가을 골프 장면이 있습니다. 점점 채도를 높여 옷을 갈아입던 나무들이 더 이상 더 진할 수 없는 마지막 노란색, 마지막 붉은색 가을 옷을 입고 있던 용평 CC의 어느 한 홀이었습니다. 퀘벡과 미국 동부에서도 가을 골프의 진수를 만났지만 그날 용평은 압도적이었습니다.

같은 산이라도 한국의 산과 나무들이 가진 정취가 다릅니다. 그런 정취를 느낄 수 있는 능력은 한국에서 태어나고 자란 사람만의 특권이겠죠. 용평 CC에서 새겨진 그날의 가을. 그날 제 마음과 가을의 구분이 어려웠다면 너무 과한 표현이겠죠?

활엽수가 많은 미국 동부의 가을 골프장은 시끄럽습니다.

시커먼 뻥튀기 기계 같은 걸 매단 작업 카트들이 코스를 누빕니다. 멀리서 보면 뻥튀기 기계에서 강냉이가 튀어나오듯 90도로 완만히 꺾인 지름이 60센티는 넘어 보이는 파이프 끝단에서 어마어마한 낙엽들이 쏟아져 나오는 것처럼 보입니다. 카트가 움직이며 뒤에 달린 대형 에어블로워가 바닥에 있는 낙엽들을 페어웨이 바깥쪽으로 밀어내는 게 그렇게 보이는 거죠.

토목공사를 하고 나무를 심고 더구나 소나무를 많이 심는 대부분의 한국 골프장에서는 보기 힘든 장면입니다. 울창하고 넓은 숲 사이에 홀들이 간신히 들어서는 미국 골프장엔 아름드리나무들 천지입니다. 그러다 보니 가을이 깊어가며 떨어지는 낙엽의 양도 대단합니다. 늦가을이 되면 페어웨이 바깥쪽 숲이나 홀 경계지역은 무릎 높이까지 낙엽이 쌓이게 됩니다. 가을비가 몇 번 오고 나면 켜켜이 쌓인 낙엽들이 습기를 머금으며 나는 독특한 냄새가 있습니다. 낙엽이 만드는 깊은 가을 냄새입니다.

미국엔 낙엽룰이라는 로컬룰이 흔합니다. 아침 일찍 깨끗하게 낙엽을 치워 놓은 페어웨이도 한두 시간 만에 낙엽으로 뒤덮이기도 합니다. 낙엽룰은 페어웨이로 떨어진 공도 가끔 낙엽

아래로 파고들면 한참을 찾아도 찾지 못하는 경우가 많아서 생긴 가을용 플레이어 룰입니다. 공이 떨어지는 곳이 보이지 않는 블라인드 홀에서는 정말 찾는 게 불가능한 경우가 많습니다. 낙엽을 일일이 치워야 공이 보이는데 그 많은 낙엽을 시간 내에 치운다는 건 불가능합니다. 가을에는 그래서 룰대로만 치는 썸과는 플레이를 하지 않습니다. 4시간이면 충분한 골프가 5시간을 훌쩍 뛰어넘기고도 끝내기 못할 가능성이 99.99%이기 때문입니다. 라운드 시간의 대부분을 낙엽아래 숨은 공과 술래잡기를 해야 하기 때문입니다.

에어블로워를 따라 바닥의 낙엽들이 하늘로 튀어 오른 후 사람 키만큼 떨어진 곳에 이미 쌓여 있는 낙엽 위로 폭포처럼 떨어지는 모습. 가을이 깊은 홀에서 티샷을 치고 앞으로 향하며 맡았던 불완전 연소한 카트의 매캐한 휘발유 냄새와 가을 낙엽 특유의 냄새. 미처 치우지 못한 낙엽이 듬성하게 덮은 페어웨이, 노란색 붉은색 낙엽들 사이로 녹색 양잔디가 보이는 홀들.

생각만으로도 아련해집니다.

골프장엔 올레길처럼 골프장을 관리하고 유지하는 사람들이 다니는 길이 있는 것 같습니다. 따로 난 길도 아니지만 서사적이고 서정적인 느낌이 드는 길입니다. 완벽하게 준비를 끝낸 골프장을 마주하며 드는 경이로움 못지않게 골프장이 자고 깨고 씻고 숨을 쉬는 모습도 아름다웠습니다.

새벽 첫 티로 나갔는데 멀리 그린 위에 한 남자가 보입니다. 영화 흐르는 강물처럼의 포스터에서 가늘게 빛나던 플라잉 낚싯줄처럼 길고 가느다란 플라스틱 막대를 양손에 쥔 남자가 휘청거리는 플라스틱 막대기로 그린 표면의 이슬을 훔칩니다. 피어오르는 습기로 땅거미가 아직 다 사라지지 않았던 그때 그 장면을 떠올리니 가슴도 그때 새벽 그린처럼 촉촉해집니다.

막팀으로 17번 홀에 다다랐을 때 건너편 3번 홀 그린 위에 그린을 찔러보고 손가락으로 만져도 보고 엄마가 갓난아기의 대변 냄새를 맡듯 코에도 가져다 대는 한 사람이 보였습니다. 골퍼의 구력은 티박스에 서있는 모습에서도 느낄 수 있는데 골프장에 스며들어 있는 사람 같은 느낌이 들었습니다. 요즘엔 그린의 습도, pH, 온도, 태양광의 세기 등 필요한 데이터를 측정할 수 있는 센서를 통해 핸드폰 앱으로 실시간 측정이 가능하다고 하지만 예전이라 그랬었을까요? 그 그린키퍼가 그린을 대하는 태도와 행동은 마치 신부의 손을 잡고 입장하는 딸바보 아버지 같아 보였습니다.

분명 그 홀을 처음 마주하며 인정(recognition)과 황홀함을 느꼈었지만 오히려 기억에서 사라진 홀들도 많을 것 같습니다. 파리의 에펠탑이나 뉴욕의 자유의 여인상처럼 상징적이지도 않은데 더구나 아직 단장을 마치지 않은 골프장의 장면들이 또렷하게 기억에 남겨진 이유는 뭘까요? 대단하지도 않고 별다르지도 않은데 잊히지 않는 건 어떤 이유 때문일까요?

제주도 방언인 올레는 큰길과 집을 연결하는 좁은 골목길을 뜻합니다. 모든 올레길이 그렇치는 않지만 올레길을 걷다 보면 삶과 자연, 그리고 인간의 손길이 닿아 삶의 터전이 된 공간이 만들어내는 정취의 매력에 빠지게 됩니다.

골프장에도 올레가 있습니다.

골퍼들이 없어야 나타나는 골프장 올레. 시끄러운 기계 소음 속에서도 왠지 모를 안도감과 차분함이 느껴지는 올레. 매일 골프장을 꽃단장시켜 주는 사람들의 움직임을 보며 고마운 마음이 솟는 올레. 같은 곳에서 다른 시간의 삶을 보내는 사람들을 보며 드는 농지애도 뿌듯해시는 올레.

가끔 드물지만 올레 사람들을 스칩니다. 골프장 올레 덕분에 가슴에 진하게 남아있는 아름다운 장면들이 떠올라 나도 모르게 환한 미소로 반갑게 인사를 건넵니다.

"수고 많으십니다~!"

영화관 조인골프

조인으로 만나는 골퍼의 인상과 모습, 표정, 말투... 한 편의 영화였습니다. 영화가 가지는 완성도와 훌륭함을 떠나 모든 영화는 기획과 고민, 정성, 노력으로 오랜 시간을 들여 빚어낸 작품입니다.

조인 골프는 20년 전쯤 혼자만의 골프가 필요했던 시절 sbsgolf나 acegolf 같은 사이트를 통해 시작했습니다. 이후 조인골프는 골프의 한 축으로 자리했고 최근 몇 년간은 2인 조인 골프만 하고 있습니다.

조인을 한다는 건 마치 어떤 영화인지도 모르면서 컴컴한 영화관 자리에 앉는 느낌입니다. 두렵거나 하늘이 무너질지로 모른다는 불필요한 걱정을 한 적은 없었습니다. 최소한 괴기 공포영화는 상영하지 않는 영화관이란 확신이 있었고 행여 조금이라도 영화의 잔인함이 느껴지면 그린피가 얼마건 그저 기회

비용으로 생각하고 경기과에 연락해 백을 빼면 간단히 해결이 되었으니까요. 그러고 보니 조인 골프 20년간 백을 내린 적이 3번은 있었네요. 다행히 빈대 몇 마리 잡으려고 초가삼간 태우는 우를 범하진 않았고 여전히 조인 골프를 즐기고 있습니다.

조인골프 영화관에서 본 영화는 대부분 잔잔한 강물처럼 또렷한 인상을 남기지 못하지만 무난했던 영화와 어제 일처럼 생생하게 기억할 수 있는 영화로 나뉘는 것 같습니다. 인상 깊은 영화들은 하나같이 호기심을 자극했고 그 호기심이 일어난 이유를 찾거나 느끼며 같은 골퍼로서의 동질감을 넘어서는 인간애를 느낄 수 있게 해 준 영화들이었습니다. 차마 중간에 뛰쳐나갈 정도는 아니었지만 영화가 끝나기만을 기다리는 영화도 있었는데 대개는 각본이 부실해서인지 욕심이나 어리석음이 도드라진 영화들이었습니다.

문득 얼마 전에 본 다큐멘터리 콘텐츠가 떠오릅니다.

첫 장면, 고비사막에서 새끼의 다리와 몸통이 절반정도 삐져나온 채 산통을 겪고 있는 어미 낙타가 보입니다. 어미 낙타는 비틀거리기도 했고 '부르르~' 떨리는 허벅지 근육은 성대 대신

고통의 비명을 지르는 것 같았습니다.

1분도 되지 않았지만 이 정도면 충분한 정보를 얻었거나 자극을 찾던 사람이라면 채널을 돌리기에 충분한 시간입니다. 동물이 적나라하게 새끼를 낳는 모습이 싫어서 혹은 징그러워서 혹은 '이런 이야기였어'라는 파악은 호기심의 창을 닫는 이유로 충분합니다.

오랜 진통 끝에 결국 새끼가 흙에 안착하고 얼마 후 태반도 털썩 땅으로 떨어집니다. 새끼는 무릎도 피질 못하고 널브러져 있습니다. 늑대 때문에 빨리 일어나야 하는데 아프리카 영양처럼 태어나자마자 바로 일어서고 몇 분 안에 뜀박질을 하지는 못하네요.

'저러다 죽는 거 아닌지... 밤이 새도 일어나지 못하면 죽을 텐데..'라는 걱정을 하거나 비슷한 마음을 느낀 시청자를 제외한 나머지 시청자들은 리모컨을 집습니다. '이런 거였어?'라는 생각의 커튼이 호기심의 창에 드리워진 결과입니다.

늑대 때문에 빨리 일어나야 한다며 안타까운 목소리를 내던 성우가 새끼를 낳기 위해 어미 낙타는 무리와 멀리 떨어져 홀로 새끼를 낳고 새끼가 스스로 충분히 움직이지 못하면 무리로 돌아가지 않는다는 이야기를 차분하게 이어갔습니다. 화면은 여전히 어두운 고비 사막 바닥에서 아수 소금씩 움찔 거리는 여전히 양막을 두른 새끼 낙타와 그 곁에 서 있는 어미 낙타만 비추고 있습니다.

호기심이 자석처럼 영상에 달라붙는 시청자가 생겨야 맞는 시점입니다. 어려운 일이 있으면 오히려 품어주고 도와주는 인간 사회와는 너무 다르기도 하지만 무리를 이뤄 사는 포유뷰에서는 보기 드문 현상이기 때문입니다. 그리고 이쯤에서 남아있는 시청자들은 두 갈래 나뉩니다. 어서 빨리 답을 찾고 싶어 뭉텅뭉텅 영상을 건너뛰며 답을 찾는 쪽과 답을 찾는 과정 속 유희에 빠지는 쪽입니다.

어떤 영화이었건 감동이나 공감은 끝까지 화면에 시선을 꽂아 놓고 생각을 휘저으며 졸여간 사람들만이 받을 수 있는 선물입니다.

영화는 어떻게 만들어진 영화인가도 중요하지만 그와 똑같은 비중으로 어떤 사람이 보는 가도 중요합니다. 저는 조인 골프도 같다고 생각합니다. 영화와 관객. 완성도, 호기심, 인간애, 철학의 무게나 깊이가 비슷하지 않다면 수작은 태어 날 수 없다고 믿습니다. 그에 더해 조인골프는 관객과 동시에 영화가 되고 또 영화인데 관객도 되는 기회니 관객으로서의 나와 영화로서의 나를 동시에 만날 수 있는 기회의 장이기도 합니다. 살면서 그런 기회를 가질 수 있는 기회가 조인골프 말고 또 어디에 있을까요?

고비 사막에 사는 유목민들은 가축을 잡아도 절대 피를 땅에 묻히거나 버리지 않는다고 합니다. 이유는 늑대 때문이라고 합니다. 더 자세한 설명은 없었지만 땅에 스며든 피 냄새는 더 오래 지속되거나 피 냄새를 따라 유목민과 가축의 흔적을 좇아올 수 있기 때문일 거라 추측했습니다.

어미 낙타가 무리와 동 떨어져 새끼를 낳는 건 출산으로 인한 피냄새를 맡은 늑대들 때문에 무리 전체를 위험에 빠트릴 수 있다는 그들만의 생존본능 때문일 거라 유추했습니다. 더 자세하게는 무리 안에 있는 어린 새끼들을 보호하기 위해서일 거라고 추정했습니다. 방금 출산한 새끼는 생각보다 오랜 시간이 걸려야 스스로 일어설 수 있었고 태어난 지 이틀 안에 일어서지 못하면 어미의 젖을 물 수 없고 그건 바로 죽음을 의미하는 거니까요. 무리 안에 있는 새끼들은 이틀 안에 스스로 일어있고 이젠 무리를 이어갈 다음 세대로 확인된 새끼들이고 이제 갓 태어난 새끼는 태어났지만 아직은 정말 태어난 게 아닌 셈이니까요.

잔인해 보이는 생태계의 모습은 결국 종을 지켜나가기 위한 노력과 선택의 결과라는 평범한 진리를 다시 한번 깨달았습니다.

조인 골프 라운드 전날엔 지인과의 골프 전날과는 다른 설렘이 있습니다. 제 영화를 모르는 어떤 사람에게 개봉하는 날이고 또 어떤 영화를 보게 될지 기대되기 때문입니다. 영화가 황량한 고비사막의 약하지만 강한 생명의 본질을 보여 줄지? 혹은 그 영화의 주인공이 내가 될 수 있을지?라는 궁금한 상상이 삶을 통과하는 시간이기 때문입니다.

인연은 타원형

 골퍼라면 라운드 하며 벙어리 냉가슴이 되었던 기억이 있기 마련입니다. 물론 단 한 번도 그런 느낌을 가진 적이 없는 분도 계시겠지만요. 생각해 보면 별것도 아닌데도 묻어 두었던 기억을 떠올리면 그땐 왜 그랬는지 아쉬움에 숨이 깊어집니다.

 '일분도 못 참나? 왜 내가 티샷을 하려는 데 저렇게 대화를 하는 걸까?' 실제로 동반자들의 목소리 자체가 거슬릴 수도 있지만 그보다는 존중받지 못한다는 느낌에 받았던 상처.

 '제주도 온을 시켜 놓았으니 어느 정도 시간을 쓰고 나면 퍼팅을 해야 하는데 정말 신중하네... 물론 퍼팅을 잘해야 한다는 마음은 알겠는데... 다른 사람들이 쓸 시간이 줄어들고 그럼 그런 게 사람들의 플레이 템포를 빠르게 만들 수 있다는 생각은 왜 안 할까?' 모두가 신중해지면 앞팀과 거리가 생기고 그러면 템포가 빨라져 좋을 게 하나도 없는 골프가 망가질 수 있는데...

답답하기도 하고 나라도 어서 빨리 해야지 라는 생각에 아무렇게나 펏을 하고 들었던 아쉬움.

'내기에서 졌을 때는 늦게 주고 땄을 때는 바로바로 달라는 저 사람은 대체 왜 저러는 거지?' 상대방의 심기를 건드리는 말도 모자라 행동까지 거슬리게 하는 내기꾼의 의도에 말려들어 패닉 한 후 그걸 또 알아차리고 느꼈던 부끄러움의 쓰나미.

세 가지 예를 들었지만 이런 느낌을 가지게 될 때마다 유리병에 까만 콩 하나씩 넣었다면 신혼부부가 1년 동안 넣었던 콩보다 많은 콩이 병 안에 담겨 있을 것 같습니다.

골프를 쳐보면 그 사람의 됨됨이랄까, 천성이 느껴지는 이유는 골프를 치면서 그 사람의 모습이 드러나기 때문이기도 하지만 나 자신도 그만큼 민감해지기 때문이기도 합니다. 그리고 곰곰이 그간에 있었던 일과 느꼈던 감정을 생각해 보면 상황자체보다는 그런 상황을 만든 사람이 누구였는가에 따라 내 마음도 달라졌던 것 같습니다. 비슷한 상황인데 A는 용서가 되고 B가 하면 화가 났던 기억. C는 섭섭했는데 D에게선 섭섭함이 덜

했던 사실. 신기합니다. 어떻게 그렇게 된 거죠? 왜 그런 걸까요?

'칙칙폭폭' 증기를 뿜으며 인연이 탄 객차를 매달고 달리던 믿음이란 기관차가 객차를 버리고 폭주하며 사라졌던 동업자의 배신. 남는 건 그래서 무겁고 무거워진 인연뿐이었던 기억. 이미 골프가 아닌 삶에서도 일어났었고 일어나고 있는 중인지도 모르고 또 언제든 일어날지도 모르는 일입니다. 그런데 골프는 그런 일들에 비하면 어찌 보면 참 아무것도 아닌 일인데 마음은 왜 그렇게 휩쓸렸을까요?

골프는 서로 간의 이익을 위하거나 상대와 즐거운 시간을 보내기 위해 모인다는 상식 같은 기대가 무너지는 느낌은 왜 아플까요? 그동안 세상 속 삶에서 그렇게 확인했는데 이런 마음의 씁쓸이는 대체 어디에서 튀어나온 걸까요?

최소한 지위, 지식, 인성, 재산, 비슷한 둘레 안에 있으니 어느 정도는 예상이 가능하고 그래서 위험하지 않아 좋은 인연이었기 때문은 아니었을까요?

올해도 지구는 하늘에 달린 불을 끄고 화려한 별똥비(유성우 流星雨)와 수퍼문을 보여 줄 겁니다. 언제나처럼요. 하지만 지구가 보여주는 가장 화려하고 경이로운 쇼(show)는 조금만 더 가까웠어도 조금만 더 멀었어도 너무 뜨겁고 너무 차가워지는 태양과의 거리를 유지한다는 겁니다. 그럼에도 너무 당연해서인지 우리는 그 기적을 느끼며 감동하며 살지는 않습니다. 인류가 겪었던 신화와 기적을 모두 합한 것보다 억만 배는 더 큰 기적인데도요.

태양계의 모든 천체는 태양을 중심으로 태양과 함께 돕니다. 태양과의 거리가 워낙 멀어서 자전축이 기울어져 있지만 태양의 크기는 일정한 것처럼 느낍니다. 물론 누가 태양을 매일 쳐다보며 크기를 재겠습니까? 자연스레 태양과 지구 사이의 거리는 같고 결국 태양을 중심으로 지구는 완벽한 원을 그리며 돈다는 생각을 당연해합니다. 하지만 정확하게는 원형이 아닌 타원형입니다. 그리고 그 타원형 궤도는 대략 10만 년마다 훨씬 더 타원형으로 변한 후 다시 원형에 가까운 타원형이 됩니다. 그래서 빙하기는 10만 년마다 찾아온다고 합니다.

세상 모든 인연이 태양과 지구 같다면 얼마나 좋을까요? 언제나 따듯한 태양. 언제나 고마운 태양. 내 덕분에 푸르름이 더 빛나는 지구. 언제나 적당한 거리에서 내 존재 이유를 증명해 주는 지구. 그런데 어쩌죠? 우리는 태양도 아니고 지구도 될 수가 없습니다. 그런 불가능한 인연을 꿈을 꿀 수는 있지만 꿈으로 그쳐야만 합니다. 굳이 비교한다면 별똥별은 될 수 있을까요?

별똥별은 혜성이 지나간 자리와 지구 공전 궤도가 만날 때 일어납니다. 혜성에서 증발한 가스와 수증기로 만들어 긴 꼬리 속의 얼음조각, 암석조각이 대기권에서 불에 타고 사라집니다. 대부분은 너무 작아 우리 눈에 띄는 불꽃이 되지 못하고 잠깐 반짝하다 사라집니다. 별똥별로 보였다는 건 얼음덩어리건 암석이건 꽤 컸다는 뜻입니다.

우리가 잘 아는 핼리혜성은 길쭉한 고구마처럼 생긴 타원형 궤도로 돕니다. 태양이 궤도의 한쪽 끝에 있어 38년간은 태양과 멀어지기만 하고 또 38년 동안은 태양과 가까워지기만 합니다. 그러다 태양에 어느 정도 가까워지면 태양풍 때문에 꼬리가 생기는 거죠.

핼리 혜성의 공전 주기가 76년이란 걸 모르는 사람이 핼리 혜성을 기다린다면 어떤 마음이 될까요? 평생 2번 보기 힘들다는 걸 알게 된 후 기다리는 사람의 마음은 어떨까요? 언제 또 올지 모르니까 그 기다림은 더 편안해질까요? 아니면 정해진 시간을 기다리는 게 더 슬플까요?

살며 태양과 지구 같은 인연을 한 번이라도 가져 보았다면 이미 기적은 일어났습니다. 어떤 의지와 인위적인 노력도 태양과 지구 같은 인연을 빚어낼 수는 없으니 행운입니다. 하지만 그마저도 멀어지다 가까워지는 타원형이란 걸 잊지는 마세요. 커다란 타원형 궤도를 따라 도는 인연은 한번 멀어지면 다시 가까워지기까지 오랜 시간이 걸립니다. 삶이 끝날 때까지 멀어 지기만 할 수도 있습니다. 그렇다고 아쉬워할 필요는 없습니다. 그가 나의 혜성이듯 나도 그에겐 혜성일 뿐이었으니까요.

편심이 심한 궤도로 만난 인연은 가까워지는 속도가 무척 빠릅니다. 당연히 멀어지는 속도는 더 빠르게 느껴집니다. 인연이 타원형이라면 멀어지는 혜성을 잡기보다는 멀리 아직은 까마득해 보이지만 다가오는 혜성을 기다리는 게 좋을 것 같습니다. 다가오는 혜성은 점점 더 빨리 다가올 것이고 어느 순간 밤하늘을 빛으로 수놓아줄 겁니다.

우리는 대개는 그런 인연을 맞이하고 보내주며 한 번의 삶을 사는 생명체가 아닐까 싶습니다.

골프는 인연이 사는 우주입니다. 라운드를 통해 태양과 지구처럼 완벽한 인연을 또 한 번 확인하는 골프도 있습니다. 지구와 달처럼 뜨겁진 않아도 정겨운 인연과 함께 하는 골프도 있습니다. 혜성처럼 스치며 빛비(light rain)를 뿌리는 인연도 있습니다. 아니 많습니다.

인연이 쉬운 골프. 스치는 인연으로 아름다워지는 삶. 골프를 사랑하지 않을 수 없는 또 다른 이유입니다.

뭐? 골프 동호회?

같은 고양잇과임에도 전혀 다른 외모와 습성으로 살아가는 사자와 호랑이처럼 골퍼의 삶도 비슷한 듯 하지만 무척 다른 것 같습니다. 사자와 호랑이처럼 큰 그룹으로 갈리는 기준은 골프에도 있습니다. 골프와 골퍼는 프로와 아마(튜어). 회원과 비회원. 고수와 하수. 주중과 주말 같은 단어가 들어가면 다른 방향성을 가진 이야기로 갈라질 수 있습니다.

오늘은 제가 겪은 개인적인 경험을 바탕으로 골퍼를 크게 두 부류로 나눌 수 있는 잣대에 대한 이야기를 하려 합니다. 잣대의 이름은 동호회입니다.

사는 지역은 다르지만 육상 먹이 사슬의 최상위에 위치한 호랑이와 사자. 사냥감의 목을 물어 숨통을 끊는 사냥법도 똑같고 체구도 비슷합니다. 만약 수사자의 갈기와 호랑이의 얼굴털을 없애고 줄무늬 호피도 짧게 깎은 후 연갈색으로 염색을 하면 사자와 호랑이는 한눈에 구분하기 어려울 정도로 근골격계가 비슷합니다. 하지만 사자와 호랑이의 살아가는 방식은 너무나 다른데요 숫호랑이의 경우 짝짓기를 할 때를 제외하면 평생 홀로 지내고 수영을 좋아하는 반면 사자하면 생각나는 아프리카 사자는 무리를 지어 삽니다. 수영은 질색이고요.

사자는 서구문화에서 왕좌 혹은 왕의 존엄을 상징하는 동물로 여겨졌습니다. 덕분에 사자가 이루는 무리는 프라이드(pride)라고 불리고 있습니다. 프라이드는 왕처럼 암사자들이 사냥한 먹잇감을 홀로 독점하며 영양가가 많은 내장을 먹고 무리 내 암사자들과의 교미도 독차지하는 수사자 라이언킹 한 마리와 그 수사자를 돕는 두세 마리의 수사자, 그리고 다수의 암사자와 새끼들로 이루어집니다. 물론 라이언킹이 식사를 마치면 다른 수사자와 암사자들이 차례대로 식사를 하고 암사자들이 발정기가 되면 라이언킹 혼자서는 도저히 당해낼 수가 없기 때문에 다른 수사자들에게도 교미의 기회가 주어집니다. 프라이드라는 단어는 라틴어에서 유래했다는 설도 있지만 다른 동물 무리를 부르는 이름을 보면 제왕의 자존심을 상징한다는 설이 더 설득력이 있어 보입니다.

잠시 사자처럼 집단을 이루어 사는 동물이나 같은 동물이 여러 마리가 모여 있을 때 그들을 부르는 이름을 살펴보겠습니다. 하나의 개체가 가진 특징과 비슷하기도 하지만 하나의 개체로는 만들어 낼 수 없는 이미지가 집단에서는 보이기도 합니다.

서구인들 중에는 부엉이 인형이나 관련 장식을 수집하는 사람들이 많습니다. 부엉이가 지혜(Wisdom)를 상징하기 때문입니다. 그래서 그런지 부엉이 무리는 의회(Parliament)라고 부릅니다. 어마어마한 개체수와 일사불란한 조직과 시스템을 가진 개미집단은 제국의 식민지(Colony). 서열이 분명하고 그에 따른 권력의 편차가 심하고 생각보다 훨씬 더 잔인한 원숭이 집단은 군대(Troop) 혹은 부족(Tribe). 미국서부 개척시대 영화에 등장하는 버펄로는 고집과 완고함이 강해서 갱(Gang). 집단의 규모가 원숭이에 비해 작지만 가족처럼 강력한 집단애를 가져 밴드(Band)라고 불리는 고릴라. 사막을 건너는 상단, 캐러번(Caravan)을 일컫는 말이 무리의 이름이 되어버린 낙타. 물론 모든 동물 무리나 집단이 특별한 상징성을 가진 이름을 가지고 있지는 않습니다. 그냥 떼(Herd)로 부르는 경우가 많습니다. 아... 그리고 보니 동물무리를 부르는 이름 중에 아주 특이한 이름을 가진 동물이 있습니다. 바로 까마귀입니다. 까마귀 떼를 영어로 a murder of crows라고 하는데... 흐음... 살인(Murder)! 그러고 보니 저도 칠흑 같은 밤 '까악 까악' 울어대는 까마귀 울음소리가 울려 퍼지는 공동묘지가 연상되네요. 그럼에도 살인이라니... 까마귀는 왜 어떻게 그런 뉘앙스를 가지게 되었을까요?

사실 동물들의 모든 행동은 인간처럼 사고의 결과가 아닌 본능에 따르는 무의식적 행위입니다. 그걸 인간의 눈과 생각으로 보고 지은 이름일 뿐입니다. 하지만 우리 인간은 동물의 본능적 행위에서도 의미를 찾듯 사물과 행위 그리고 무엇보다 다른 인간을 보면서도 이미지 혹은 인상을 찾아내고 상상하고 느끼며 삽니다.

다시 골퍼 이야기로 돌아가겠습니다. 처음 말씀드린 것처럼 세상에는 동호회를 경험한 골퍼와 그렇지 않은 골퍼가 존재합니다. 회원이 십만 명이 넘는 골프 외에 어떤 공통점도 전제하지 않은 unlimited 동호회도 있고 출신학교, 종교, 지역, 연습장, 직업처럼 일정한 조건을 바탕으로 한 상대적으로 작은 규모의 limited 동호회도 있습니다. 다시 한번 말씀드리지만 지금부터 드리는 말씀은 순전히 제 개인적인 생각이고 경험입니다.

제가 경험한 언리미티드 동호회 회원 골퍼는 리미티드 동호회만 활동하는 골퍼보다 더 개방적입니다. 개방적이란 말은 최소한 같은 골퍼라면 인사를 나누거나 골프에 대한 대화를 나누는데 조건을 따지지 않는다는 뜻입니다.

해외로 골프여행을 가려 공항 수속 카운터에 줄지어 서있다 보면 골프백을 카트에 담은 골퍼가 큰소리로 말하지 않아도 대화가 가능한 거리에 서 있는 경우가 종종 있습니다. 이때 뭔가 같은 배를 탄 사람 같은 느낌이 들어 반가운 마음이 들고 자연스레 '어디로 가시는지?' '어느 골프장으로 가시는지?' '얼마나 오래 가시는지?' 등 가벼운 대화를 하고 싶어 집니다. 이젠 웬만하면 하지 않지만 한 동안 반가움에 주책을 떨었습니다. 한국인이 아주 드문 곳에서 한국사람을 만난 것처럼 말을 걸었습니다.

그런데 예상과는 달리 열에 아홉은 제 얼굴에 걸렸던 미소가 부끄러울 정도로 반응이 차가웠습니다. '저 사람이 왜 내게 말을 걸지?' '뭐야' 하는 의심과 경계의 눈빛으로 쳐다보며 어떻게든 대화를 하지 않으려는 골퍼, 아예 못 들은 척 고개를 돌리는 골퍼, 억지로 한마디 대답은 하지만 뭔가를 씹은 표정이 되는 골퍼도 있었습니다. 물론 저 보다 더 환한 웃음으로 제 미소와 반가움을 맞아준 고마운 분도 있었지만요.

네거티브 한 경험을 할 때면 왜 그런지 이유를 생각했습니다. 여러 가지 이유가 떠올랐지만 이해는 되지 않았습니다. 그간 제가 겪었던 골퍼들과는 무척 다른 모습이었습니다. 그러다 한 가지 꽤 합리적인 답을 찾았습니다. 물론 저만의 경험에서 나온 저만의 해답일 것입니다.

제가 만든 리미티드 골프동호회가 백 명이 넘는 열혈회원으로 몇 년간 정말 뜨겁게 달아올랐던 경험도 했고, 대여섯 개의 언리미티드 동호회 경험도 있습니다. 사람들과의 첫 만남은 리미티드 동호회는 이미 친해질 이유가 분명했기에 쉬웠고 언리미티드 동호회에서는 그저 골프를 사랑하는 골퍼 외에는 아무런 공통점이 없었는데도 쉽고 즐거웠던 기억을 통해 조금 다른 종류의 골퍼가 된 것 같습니다.

동호회에서 겪었고 보았고 들었던 일들은 일반적인 상식으로는 일어날 수 없는 것들이 많았습니다. 동호회 정모 전날 한 회원이 몸살기운이 있어 못 나갈지 모른다고 하자 의사인 한 회원이 몸살에 좋은 주사를 가져가겠다고 하고 당일 라운드 시작 전에 주사를 놓아주는 모습도 보았고. 50병오 님는 한우 고깃집 뒤풀이에서 특별한 이유 없이 기분 좋게 골든벨을 울리는 회원도 있었습니다. 댓글하나로 시작되었지만 일주일도 안돼 죽마고우보다 더 친한 사이가 된 두 회원 중의 한 명이 제가 되기도 했습니다.

동호회는 심심함과 자랑하고 싶은 마음이 트리거가 되는 경우도 있겠지만 대부분은 누군가와 나누지 않으면 집착이 돼 버릴 것 같은 골프에 대한 애착 때문에 가입하고 활동하고 빠져든다고 생각합니다.

누군가와 골프를 나누고 싶은 사람이 모이는 곳이 골프 동호회니 동호회에서 만나는 골퍼와의 소통이 쉬운 건 당연합니다. 생전 처음 보는 사람에게 어느 골프장을 가냐고 묻는 건 동호회에서나 가능한 일이란 걸 잊어버린 것 같습니다.

대한민국에는 언리미티드 골프 동호회를 제대로 경험한 골퍼가 몇 %나 될까요? 저는 공항에서 말을 걸었을 때 반응의 결과와 비슷할 거라 생각합니다. 같은 고양잇과이지만 함께 사는 사자와 혈혈단신 숲에서 은둔하는 호랑이. 어느 방식이 더 좋다는 건 없습니다. 다만 사람마다 사자와 호랑이의 무척 다른 삶의 방식을 보며 가지는 느낌은 다를 것입니다.

갈라 치기를 해서 누가 더 잘났냐를 이야기하려는 의도는 없습니다. 흑백논리도 아니고요. 다만 언리미티드 골프 동호회에 가입하고 활동하는 골퍼는 그렇지 않은 골퍼와는 다른 부류로 나뉠 수 있을 것 같습니다.

골프만 그런가요. 사실 삶도 그런 것 같습니다. 누구와도 나누며 더 기뻐지는 사람들과 혼자 혹은 작지만 더 확실하고 안전한 울타리 안에서 행복한 사람이 있는 것 같습니다. 사자와 호랑이처럼요...

핸드캡 줄이는 이유 10가지 23-33 우리

골프는 집행유예
최소한 백작
럭셔리 캐디
미국골퍼 한국 골프 적응기
운도 말라가는 한국 골프장
2030년 그린피?
조인골프 삼국지
영원한 파티. 우뚝 선 한국 골프
버블의 향기
천국열차 매표소
40대를 위하여

골프는 집행유예

부드러운 복숭아를 다 먹고 나면 단단하고 주름진 씨앗이 나옵니다. 그런 복숭아 씨앗까지 다 보여준 친구가 있습니다. 지금은 멀리 떠났지만 삶을 공유했다 이야기할 수 있는 유일한 친구입니다. A라고 하겠습니다.

골프는 A의 자유로운 영혼을 따스하게 품어 주었습니다. A가 그런 골프에 빠지지 않는 건 살아있는 한 불가능해 보였습니다. A는 골프를 사랑했습니다. A는 일주일에 최소 3번 이상 그것도 주중에 주로 골프를 쳤는데 남들 눈에는 골프만 치며 사는 한량으로 보였습니다. 하지만 A는 차도 안 막히고 부킹도 쉬운 주중에 치는 대신 수발과 밤에는 일에 매달렸습니다. 물론 그럴 수 있는 사업을 해서 가능한 일이었죠.

A는 벤처라는 단어로 뜨거워진 공기를 가득 실은 닷컴 열기구가 알록달록 파란 하늘을 채우던 시기에 IT 사업을 하는 행

운아였습니다. 우리나라 3대 대기업 중의 한 곳의 러브콜을 걷어차고 단독 개발을 선택할 정도로 세상물정과는 따로 놀던 친구였습니다. 그때 그 계약을 대신했던 업체는 계약을 하자마자 벤처투자처를 찾던 투자회사로부터 수십억 원의 투자를 받고 순식간에 급이 다른 업체가 되었었지요. A는 고지식한 사람은 아니었는데 사업적인 부분에서는 답답한 사람이었습니다.

그럼에도 A의 사업은 나름 잘 나갔고 직원들을 뽑기 시작하며 A는 왜 그런 생각을 했는지 모르지만 자신만의 생각을 또 고집했습니다. 학벌을 전혀 고려하지 않았고 의지가 있는가를 판단의 기준으로 삼더군요. 같은 의지라면 어려운 환경에서 나오는 의지가 더 강할 거란 생각을 한 것 같았습니다. 2년제 대학을 나온 직원들을 많이 뽑았고 대신 급여는 4년제와 차등을 두지 않았습니다.

작은 회사였지만 외국의 대기업처럼 인테리어를 꾸미고 대형 냉장고엔 직원들의 간식이 항상 채워져 있었고, 점심은 당연히 회사에서 혹시 늦게 일하면 저녁도 회사에서 비용을 처리했습니다.

그런데 A의 회사가 서서히 내리막길로 들어섰습니다. IT 쪽은 흐름이 크게 변화하는 시점이 있는데 그 시점을 제대로 인지하지 못한 것 같았습니다.

2년 정도 지나 A를 만났습니다. 더 이상 버틸 수 없는 것 같았습니다. 그런데 이유가 예상과 달랐습니다. 가뜩이나 어려워지던 회사는 이사 한 명과 핵심 개발자, 일부 직원이 사직을 하며 미래는 더욱 어두워졌다고 합니다. 그리고 한 달 후 A의 주력제품과 똑같지만 업그레이드된 제품이 출시되며 A는 치명상을 입었습니다. 법적으로 해결할 수도 있었지만 A는 그러지 않았습니다. 왜 그러지 않는지 물었지만 너무 지쳤다는 대답만 들었습니다.

2년이 흐른 후 A를 다시 만났습니다. 병원이었습니다. 정해지진 않았지만 시간이 많이 남지 않은 것만은 확실한 병을 얻었더군요. 이런저런 이야기를 하다 골프 이야기가 나왔습니다.

그가 말했습니다.
"골프를 친다는 건 일단 유죄가 확정된 거고, 다만 집행유

예를 받은 것 같아."

제 눈동자가 말똥거리는 게 느껴졌습니다.
"그때, 직원들이 몰래 따로 회사를 차릴 생각을 할 수 있었던 이유가 골프 때문이었어."
골퍼라면 가끔 느끼는 뭔가가 살짝 느껴졌지만 여전히 또렷이 잡히지는 않았습니다.

"대표라고 맨날 골프만 친다고... 그래가지고 회사에 미래가 있겠냐고... 우리가 열심히 힘들게 일하는 게 대표 골프 치라고 그러는 건 아닌데.... 뭐 그런 이유들이 직원들을 단합하게 만들 수 있는 명분을 주었다는 걸 알았어."

"그걸 어떻게 알았는데?"
"응, 직원 중에 한 명이 그러더라고. 그때 사장님 골프 치는 걸로 직원들이 이야기가 많았다고..."
"넌 근데 회사에 침대도 놓고 아예 회사에서 살았었잖아. 밤이나 주말에도 일하는 걸 직원들이 몰랐다는 거야?"

"아니, 그걸 어떻게 몰라. 월요일이면 주말에 내가 리서치 했던 결과물로 직원들 교육도 하고 회의도 하고 그랬는데..."

"근데 어떻게 그럴 수 있지?"

"집행유예는 다른 말로는 가중처벌이잖아. 만약 유예기간 동안에 또 잘못을 하면 더 혹독한 처벌을 받는... 골프는 돈과 시간도 다른 거에 비해 너무 많이 드는데 골프를 안치거나 칠 수 없는 사람들 눈에는 뭔가 정신이 팔린 사람으로 비치는 부분이 있은 것 같아. 근데 그게 평상시에는 그냥 넘어가지만 뭔가 이유를 찾아야 할 때는 제일 먼저 눈에 띄는 것 같아."

가끔은 골프를 치며 눈치까지는 아니라도 뭔가 아주 분명하지는 않지만 옅은 죄의식 같은 걸 느낄 때가 있습니다.

'새로 나온 드라이버를 바꾸고 싶은데 아내도 사라고 했건만 이길 사야 하나 말아야 하나 고민을 하다 왜 핸드폰을 집어 들고 당근 앱을 여는지...

'친구들이 골프 여행을 가자는 카톡에 조오 치~! 답문을 날리자마자 왜 아내 얼굴이 떠오르는지...

'내기 골프를 해서 비상금의 절반이 털렸는데 나머지 절반을 딴 돈이라며 아내에게 내미는 내 모습이 씁쓸한데 왜 웃긴 건지....

'사업이 힘든 친구에게 맛있는 생갈비와 3차까지 거하게 쏘는 건 쉬운데, 친구야 너무 힘들지? 내가 그린피 내줄게 이번 주에 공치자는 이야기는 왜 어려운지...

물론 저만의 이야기 일지도 모릅니다. 그래도 자꾸 생각이 납니다. 골프는 뭘까요? 보이는 게 다일까요? 골퍼가 된다는 건 별다른 의미로 판단될 수 있는 사람이 되는 걸까요? 골프는 왜 치는 걸까요?

살고 있는데 삶을 생각하고 왜 사는지 질문을 하는 셈이네요. 왠지 수수께끼 같은 말이기도 하고 너무 당연한 질문이란 생각도 듭니다. 문득 어제 본 조 블랙의 사랑이란 영화에 나온 말이 떠오릅니다.

"bright eyed and bushy tailed"

최소한 백작

1980년대 말, 한 때 얼 그레이(Earl Grey) 차에 대단한 이미지가 입혀지며 몇십만 원에 판매되었던 시절도 있었습니다. 얼마 전 지방에서 묵었던 비즈니스호텔 로비에서 얼그레이 차를 보았습니다. 얼은 백작이라는 작위를 뜻하는 단어이고 얼 그레이차는 결국 그레이 백작이 좋아했던 차였다는 건데. 투숙객에게 무료로 제공되는 커피머신 옆에 비치된 얼 그레이차는 귀족의 추락과 평민의 신분 상승 중 어느 방향으로 해석을 하는 세 맞는 것일까요?

백작은 우리에게 친근한 작위입니다. 왕의 아들들에게 붙여 주기도 했던 그야말로 넘사벽 공작(Duke)과 그다음 단계인 후작(Marquess) 다음 계급이 백작인데요. 왕족이 아닌 사람이 가질 수 있는 가장 대표적이고 높은 계급이 백작이 아닐까 생각됩니다. 넥타이 브랜드, 마라 백작부인(Countess Mara)도 친근하고 고급스러운 백작의 이미지 때문에 더 잘 알려졌을지도 모릅니다. 백작 밑으로 자작(Viscount)과 남작(Baron)이 있지만 진정한 작위는 백작까지라고 볼 수 있습니다.

그런 귀족들이 요즘 골퍼들을 보면 어떤 말을 할까요? 아마 똑같은 말을 할 것 같습니다.

"뭐야~! 말없는 폴로네? 평민들이 이걸 한다고? 세상 참 좋아졌다. 아니지. 이걸 좋아졌다고 말하는 게 맞나?"

일본의 식민지였을 때 태어난 분들도 살짝 공감을 하실지 모르겠습니다. 캐디가 손뜨개로 드라이버나 우드 커버를 떠서 회원에게 선물을 했고, 연습장에선 캐디가 쪼그려 앉아 공을 티나 매트에 올려주던 시절 골프는 귀족다웠습니다. 골프 안에서는 귀족과 양반, 평민과 노예라는 신분 제도가 마치 양의 탈을 쓴 늑대처럼, 문화의 탈을 쓰고 있었습니다.

그런데 이제 골프가 달라졌습니다. 백작 같은 귀족만 할 수 있었던 폴로와는 달리 골프만 치면 백작이 될 수 있는 세상이 되었습니다. 어느 날 눈을 떠보니 저도 백작이 되어 있었습니다.

골프 관련 TV 광고도 이미 백작만을 대상으로 제작되고 있었습니다. '작위의 품격은 옷에서 시작된다. 품격은 이미지다.'라는 골프웨어 광고를 봐도 그렇고 주말 그린피는 최소 20만 원은 넘어야 정상이라는 골프장의 프라이드도 그렇습니다. 게다가 예전 중세시대보다 논리적인 상식과 민주적인 사고가 존중받는 사회가 돼서 그런지 한번 작위를 받으면 죽을 때까지였고 세습까지 되었던 구태의 악습도 사라졌습니다.

이제 작위는 유지의 능력으로 증명합니다. 골퍼들은 매번 작위를 사고 백작이 되는 기회를 부여받습니다.

백작이 드나드는 곳의 사치스러움은 바늘 가는데 따라가는 실 같은 것입니다. 대한민국에서도 특별소비세... 아니죠. 그건 예전 이름이었고 이름을 바꿨죠. 품위 있게, 개별소비세로요. 나라에서도 조세법을 통해 직위를 가진 사람들의 행위를 사치로 인정해 줍니다. '〈사치품을 소비하는 데에는 이에 상응하는 소득이 있다고 추정하고, 그 담세능력을 소비측면에서 포착하여 과세하는 조세〉가 바로 개별소비세다.'

백작의 골프가 평상복 같은 옷을 입고 캐디도 없이 골프만 치고 가는 일부 미국 평민들의 골프가 될 수는 없습니다. 미국보다는 덜하지만 평일엔 그린스피드가 3.0을 넘나들 게 유지하는 골프장에서 5만 원만 내면 카트도 무료에다 점심까지 제공하며 백작의 체면을 고려하지 않는 일본 골프장도 불편합니다.

수백억 원을 들여 구겐하임처럼 겉모양만 봐도 아트가 느껴지는 클럽하우스가 꼭 있어야 합니다. 갤러리 같은 로비에서 체크인을 해야 합니다. 샷을 하거나 펏을 하는 행위 이외의 것들은 전적으로 캐디가 해줘야 마땅합니다. 라운드를 마치고 특급 호텔 같은 목욕탕에서 샤워를 하고 냉온탕에 몸을 담근 후 다시 한번 정갈하게 샤워를 할 수 있어야 합니다. 한번 운동을 한 옷을 그대로 입고 다시 나설 수는 없습니다. 작위에 어울리는 옷으로 갈아입어야 합니다. 정기 모임이라면 개별 룸에서 고급진 요리를 먹고 나서야 골프는 끝이 날 수 있습니다.

천국으로 가는 입장권이 팔리기 시작했는데 그게 너무 비싸져서 종교개혁의 파도가 일어났다죠?

처음엔 이게 뭔가 싶었습니다. 그래도 백작인데... 태생이 평민이라 그런지... 작위가 어색했습니다. 어울리지도 않는 백작 작위를 유지한 지 시간이 꽤 흘렀습니다. 작위를 유지하려니 나름 차려입어야 하고, 원치 않는 서비스도 받아 줘야 하고, 무엇보다 자유와 선택이 제한된다는 걸 체험했습니다.

참 고마운 골프입니다. 그저 골프하나 치는 건데, 이런 경험도 하게 해 주고 말입니다. 그런데 이젠 작위를 내려놓으려 합니다. 뱁새는 잰걸음으로 달리거나 날갯짓을 파닥여야지 황새처럼 큰 걸음으로 우아하게 한 두 번 펄럭이며 날 수는 없다는 걸 골프가 또 알려줬습니다.

어쩔 수 없이 앞으로도 가끔은, 아주 가끔은 백작이 될 것 같습니다. 선진 대한민국 덕분에 백작이 어떤 것인지 경험도 했으니 이젠 작위를 내려놓고 일본이나 미국으로 가려합니다. 귀족의 순진한 꿈일까요? 소박하고 알뜰한 골퍼가 그립습니다.

골프 덕분에 귀족의 삶을 체험해 볼 수 있었습니다.
제 능력에 과분했던 행운이었습니다.

넉서리 개너

17 마일스(17 miles) 드라이브라고 혹시 들어보셨나요? 캘리포니아 몬트레이(Monterey) 바닷가를 따라 도는 유료입장 사설도로인데요 명문 골프장들이 도로를 따라 다닥다닥 붙어 있는 곳입니다. 도로 주변으로 세계에서 가장 유명한 골프장일지도 모르는 페블비치(Pebble Beach)도 있고 싸이프레스 포인트(Cypress Point), 스파이글라스 힐(Spyglass Hil), 더링스 앳 스패니시 베이(The Links at Spanish Bay), 몬트레이 페닌슐라(Monterey Peninsula), 포피힐스(Poppy Hills) 등 정말 하나같이 멋진 골프장들이 즐비합니다.

척박하고 거친 바닷바람을 지탱하느라 온몸을 비틀며 자란 싸이프러스(Cypress) 나무들을 보면 숨이 탁탁 막히기도 합니다. 예전 로마시대에 십자가를 만들고 묘지에 심었던 수종이라 그런지 아니면 묘지에 주로 심었던 나무라 그런지 느낌이 각별합니다. 몬트레이 바닷가 싸이프러스 나무들은 삶과 죽음을 동시에 담고 있는 것 같은 느낌을 줍니다. 17 마일스 드라이브는 누구에게나 아름다운 곳이지만 골퍼라면 죽기 전에 꼭 둘러보시길 추천합니다.

미국의 럭셔리 퍼블릭 코스와 돈만으로는 가입이 불가능한 찐 명문 회원제 골프장에서 플레이를 하기 위해서는 캐디의 도움이 절실합니다. 물론 반드시 캐디를 동반해야 하는 건 아니지만 평생 언제 다시 올지 모르는 최고의 골프장인데 제대로 잘 치고 싶은 마음이 드는 건 너무 당연할 것 같습니다.

미국 럭셔리 코스에서 캐디를 쓴다는 건 거의 걸어서 플레이를 한다는 뜻이기도 합니다. 당연히 캐디는 PGA대회처럼 백을 메게 되고 대부분 캐디는 백을 두 개까지 멜 수 있습니다. 캐디를 쓰려면 골프가방의 무게도 가볍게 만들어 24파운드, 약 11킬로그램 정도가 넘지 않게 해야 합니다. 카트백은 무게를 맞추기 위해서도 또 캐디가 메야 하기에 스탠드 골프백으로 바꿔서 나가야 하기도 합니다.

페블비치의 캐디피는 원 백(one bag) 일 때는 $155불(대략 20만 원) 투 백(two bag) 일 때는 $210(28만 원/인당 14만 원) 그리고 미국이니까 팁은 1인당 $70-$100. 인당 10만 원 내외. 최소 금액입니다. 반드시 줘야 하는 팁을 포함할 경우 일인당 캐디 관련 총비용은 투백 캐디일 경우 최소 24만 원, 원백일 경우 최소 30만 원이 듭니다.

그럼 페블비치 같은 전 세계 골퍼의 버킷리스트 골프장이 아닌 상대적으로 조금 덜 유명한 미국 골프장 캐디피는 얼마나 할까요? 대개는 더블백이 기본이고 인당 $100불 내외라고 보면 됩니다. 아주 싼 곳은 투백 인당 $55인 곳도 있지만 그런 곳은 대신 팁이 최소 $75불로 정해진 곳이니 결국 도진개진입니다. 일반적인 캐디팁은 최하 캐디피의 20%이지만 캐디를 쓰면서 20%를 주는 골퍼는 거의 없다고 보는 게 맞을 것 같습니다. 훨씬 더 많이 주죠. 결국 거의 20만 원에 가까운 비용이 필요하다는 뜻입니다.

이에 비해 한국 캐디는 1인당 4만 원 정도에 팁 혹은 그늘집에서 캐디에게 음료수를 권하며 1만 원 정도가 추가됩니다. 물론 팁에 훨씬 더 후한 골퍼도 있겠지만요. 단순 비교를 하면 미국 캐디피가 4배 비싸거나 한국 캐디피가 미국 캐디피의 25% 정도 수준입니다.

한국과 미국 캐디피의 상대적인 수준을 계산해 보고 싶어졌습니다. 미국의 럭셔리 골프장에서 캐디를 쓰며 골프를 치는 사람의 소득 혹은 소비 수준을 미국 평균의 3배로 잡으면 연간 소득은 24만 불, 약 3억 2천만 원이 됩니다. 한국 골퍼의 소득 수준은 평균보다는 2배 더 높게 잡으면 7만 불, 약 9천만 원으로 잡아 보겠습니다. 소득이 9천만 원인 사람이 내는 캐디피 5만 원과 3억 2천만 원의 소득을 가진 골퍼가 캐디피로 지불하는 24만 원은 전체 소득에 비례해 차지하는 비율로 보면 차이가 거의 없습니다.

그렇다면 한국 골퍼들은 캐디피에서 만큼은 미국의 상위 소득자만큼의 지출을 하고 있다는 걸 알 수 있습니다. 한국의 평균 골퍼가 부자나라 미국의 그것도 부유층 골퍼와 비슷한 소득 대비 캐디피를 지출하고 있다는 사실이 놀랍습니다.

한국과 미국 캐디는 여러모로 다르지만 가장 다른 점은 캐디의 역할과 전문성인 것 같습니다.

미국 캐디 중에는 미니투어에서 뛰었거나 그렇지 않아도 골프를 잘 치는 캐디가 많습니다. 그리고 골프는 물론 골프장에 대한 다양한 지식을 가지고 있습니다. 골프장의 역사. 홀의 특징과 공략, 재미있는 골프 농담등으로 무장을 하고 플레이에게 진한 추억을 선사하는 역할을 넉넉하고 출중하게 합니다. 당연히 그린을 읽는 것 같은 캐디로서의 전문성도 뛰어납니다. 한마디로 수준이 높습니다. 더구나 캐디피에 버금가는 팁을 받기 때문에 친절하기도 하지만 같은 골퍼로서 공감 가는 시간을 보내게 되고 라운드를 마칠 때쯤엔 오래된 친구 같은 느낌을 갖게 되는 경우가 대부분입니다.

한국 캐디는 복불복이라고 하는 게 가장 정확한 것 같습니다. 뭐든 너무 잘 해내는 캐디가 있는가 하면 정말 최소한의 역할도 못하는 경우도 있습니다. 경력이 일천한 캐디와 베테랑 캐디의 캐디피가 똑같다는 건 자본주의적으로 보건 상식으로 보건 정당성이 조금 부족해 보입니다.

한국 캐디와 관련해서 가장 이해가 되지 않는 건 그린에서 캐디의 역할에 대한 기대와 실행입니다.

PGA 룰로 정확하게 점수를 기록하고 싶어 하는 골퍼 중에서도 캐디가 퍼팅 라인에 맞춰 공을 놓아주기를 바라는 골퍼가 있는 것 같습니다. 프로 경기에서 캐디와 선수가 그린 경사를 상의는 하지만 캐디가 공을 놓아주지는 않습니다. 룰에 어긋나기 때문입니다. 그리고 샷을 캐디가 대신해 주지 않는 것처럼 캐디가 퍼팅 라인에 맞춰 공을 그린 위에 놓는 행위도 누가 대신 해줘서는 안 됩니다. 캐디가 고용된 사람이라면 해서는 안될 일을 시키는 것입니다. 간혹 제일 멀리 온그린시킨 골퍼가 공을 집고 마크를 할 생각은 없이 캐디가 와서 다 해주기만을 기다리는 경우가 있습니다. 동반자를 배려한다면 최소한 공을 집어 캐디 쪽으로 가서 공을 닦아달라고 하는 게 좋습니다. 그러면서 그린 경사도 읽고 캐디에게 어느 쪽이 더 좋은지를 물으면 됩니다.

한국의 골프가 지금과 같은 방식으로 영원히 지속될 수는 없다고 생각합니다. 오래지 않아 버블이 터지면 그린피와 서비스, 골프장의 관리상태가 서로 따로 노는 기울어진 운동장도 정상화되겠죠. 하지만 버블과 상관없이 한국의 골프장이 더 많은 골퍼를 받고 더 많은 수익을 내기 위해 존재하는 강제캐디제도는 없어져야 합니다. 캐디를 쓸지 안 쓸지를 결정하는 건 골퍼의 선택이 돼야 합니다. 캐디라는 직업에 대한 규정과 기대, 임무도 새롭게 규정돼야 합니다. 끊임없이 주술처럼 반복되는 한국은 이제 선진국이라는 자화자찬에 취하기엔 우리 골퍼들의 수준이 너무 높습니다.

골프도 정상화가 돼야 합니다. 너무 늦지 않게. 아니 하루라도 빨리요.

미국골퍼 한국 골프 적응기

미국은 주(State)라는 일종의 나라가 모인 어마무시하게 큰 국가이다 보니 지역마다 다른 점이 많습니다. 고속도로만 해도 서부에서는 프리웨이(Freeway), 동부에서는 하이웨이(Highway), 주(state)를 잇는 고속도로는 인터스테이트(Interstate) 하이웨이라 부릅니다. 어감처럼 프리웨이는 무료인데 광활한 서부에서 동부처럼 비싼 통행료를 내면서 고속도로를 사용해야 한다면 지금처럼 넓게 퍼져 사는 건 불가능했을지도 모릅니다. 하지만 한 가지, 골프만큼은 미국 어디를 가나 똑같습니다. 물론 환경과 날씨 때문에 골프장의 모습은 각양각색이지만요.

한국에서 골프를 치기 시작하며 라카에서 목욕탕으로 가는 동안 누드 스트리킹을 한 것 같은 나만 괜찮으면 괜찮은 단발성 실수(?)도 있었지만 상대방에게 상처를 주거나 화가 나게 했던 일들도 여러 번 있었습니다. 지금 생각해 보니 또 죄송해집니다.

2000년대 초반. 골프 때문에 급격히 친해진 학교선배가 일요일 황금시간대 티타임을 선물해 주었습니다. 골프에 빠진 후배가 기특했는지 가족이 경영하는 골프장에서 특별히 티타임을 마련해 준 것이었고 예약자는 당연히 그 선배의 이름으로 되어 있었습니다. 그런데 그날 피치 못할 사정이 생겼고 지인에게 양보를 해주었습니다. 라운드 당일 선배의 전화가 왔습니다. 잘 도착했는지를 물었고 저는 사정을 이야기했습니다.

그런데 그 선배가 얼마나 화를 내던지.... 자기가 얼마나 애를 썼는데 엉뚱한 사람에게 그걸 주냐며... 화를 내다 아무리 미국에서 와서 모른다고 해도 그렇지 어떻게 그렇게 모르냐는 말로 전화를 끊었습니다. 너무 황망하기도 하고 내가 한 잘못이 어떤 건지 알기 위해 사방에 전화를 걸었고 알아보았습니다.

그리고 알게 되었습니다. 그 선배가 부킹을 해준 A 골프장 주말 황금시간 대 티타임이 당시 최하 200만 원에 거래가 된다는 것이었습니다. 돈을 떠나 아예 부킹이 불가능하기 때문에 급하게 접대를 해야 하는 경우 훨씬 더 많은 돈을 주고서라도 구하려고 안달인 경우가 비일비재하다는 것이었습니다. 한편 충격이었고 다른 한편 그 선배가 왜 그렇게 화를 냈는지도 알게 되었습니다.

미국에서 티타임보다 1시간 30분 넘게 지각했던 적이 있었습니다. 조금 먼 골프장이었는데 I-80 하이웨이에서 사고가 났기 때문입니다. 미국은 아무리 넓은 고속도로라도 차선의 개수와 상관없이 사고가 나면 일단 도로를 전면 통제합니다. 방송사 헬리콥터 5-6대가 뜬 큰 사고였습니다. 티타임이 늦을게 뻔해 골프장에 전화를 했더니 이미 골프장은 상황을 파악하고 있었습니다. 다 도착하면 나가게 해 줄 테니 아무 걱정 말고 안전하게 오기만 하라고 했습니다.

한국에서도 딱 한번 30분 늦게 도착했었습니다. 워낙 골프장에 최소 1시간 전에 도착하는 버릇이 있어서 그나마 많이 늦지 않았었죠. 경기과 카트를 타고 동반자들이 플레이 중인 3번홀로 갔습니다. 동반자들도 늦게라도 도착해서 다행이라고 했지만 이제부터 내기하기도 그렇고 라운드의 흥미가 많이 사라진 것 같은 분위기가 되더군요. 미안함을 넘어서 죄송한 마음이 들었습니다. 물론 그다음부터는 2시간 전에 골프장에 도착하게 출발했습니다.

어쩌면 제가 겪었던 것들은 한국과 미국 골프의 차이라기보다는 신분의 차이에서 온 것인지도 모릅니다. 지금은 덜 그렇지만 2000년 전에 미국으로 이민을 간 사람들 중 꽤 많은 사람들이 사회적 신분이 폭락하는 삶을 받아들였습니다. 한국에선 대학교수였던 사람이 세탁소를 하거나 SKY를 나와 소규모 마마 앤 파파스(mom &pop) 가게를 운영하는 경우가 허다했습니다. 물론 돈을 많이 벌어 프라이빗 클럽 멤버에 들어간 사람도 있지만 돈으로 가입이 가능한 클럽은 돈 이상의 대접을 해주지 않는 곳이란 뜻이기도 합니다.

지금은 어떤지 몰라도 명문 프라이빗은 대개 기존 회원 몇 명 이상의 추천을 받아야 했고 대부분의 한인 이민자들에겐 설사 돈이 있다고 해도 그림의 떡인 경우가 많았습니다. 세브란스를 나온 심장수술의 권위자 한분이 미국 최고의 골프장중 하나인 리지우드 클럽(The ridgewoods CC)의 캡틴을 수술했고 그 캡틴의 추천으로 회원이 되었다는 이야기가 골퍼들 사이에서는 전설로 회자되기도 했었습니다.

리지우드 CC는 맨해튼에서 가깝고 윙드풋(Winged Foot)과 발투스롤(Baltusrol)등 메이저를 여러 번 유치한 코스 설계가 틸링가스트(A.W. Tillinghast)의 작품으로 유명했지만 그보다는 회원들의 면모가 남달랐습니다. 미국 사회의 지도층(?) 최상류 층(?) 멤버가 클럽의 진정한 가치를 창출하는 원동력이었습니다.

...

명문은커녕 일반 프라이빗 클럽에도 게스트로 가끔 가본 저라는 한 평범한 미국 골퍼가 한국으로 와, 초고속 신분 엘리베이터를 탔고 한국의 명문 골프장 멤버들과 어울렸던 그때. 저는 그런 상황을 제대로 깨닫지 못했었습니다. 그러니 미안함으로는 커버가 안 되는 상황이 일어났고 저는 죄송해지는 게 마땅했던 것 같습니다.

그래도 제가 잘하는 게 몇 가지 있습니다. 그중에 하나가 합리화입니다. 어쩌면 제 골프가 노력대비 결과가 나쁘지 않았던 이유도 제가 가진 합리화 능력 때문일 거라고 생각합니다.

그때 골프 덕분에 최상류 층과 어울릴 수 있었던 시간은 지금 생각해도 행운이었다고 생각합니다. 그리고 이제 다시 평민 골퍼가 된 게 즐겁습니다. 이젠 웬만한 일은 미안함이 담긴 미소로 풀어낼 수 있게 되었으니까요.

죄스럽고 사과해야 하고 그래도 마음이 찜찜하고, 용서와 이해보다는 책임과 의무, 형식이 더 중요한 골프를 치기엔 저는 원래부터 너무 평민인 것 같습니다.

얼마 지나지 않아 마감될 제 골프가 더 가뿐해지고 더 쉽게 행복할 수 있기를 어제처럼 오늘도 소망합니다.

운도 말라가는 한국 골프장

운(LUCK). 뭘 해도 필요한 '운'. 골프는 물론 사업이나 삶에도 자주 사용되는 표현 중 하나가 〈운7기3 運七技三〉입니다. 한마디로 모두가 열심히 노력을 한다는 조건이라면 결국 운이 결정적인 역할을 한다는 뜻으로, 한 사람의 행위가 만들어내는 결과를 분석하거나 평가할 때 쓰이는 표현인 것 같습니다.

프로 골퍼가 우승을 하려면 자신의 실력, 동반자 운, 코스와의 궁합, 벙커에 들어갈 공이 반대로 튀어 그린에 오르는 것도 모자라 경사를 타고 홀컵에 딱 붙는 것 같은 운의 4가지가 있어야 한다고 합니다. 결국 70% 이상은 운이란 거죠. 그럼 아마튜어 골퍼에게는 '운'이 얼마나 중요하고 어떤 역할을 하게 될까요?

저는 요즘 한국 골프장을 찾으며 〈운8시2〉를 느낍니다. 무슨 말이냐고요? 만족스러운 골프가 되기 위해서는 골프장의 역할과 상태 혹은 전반적인 시스템이 중요한데 좋은 시스템의 역할이 20프로이고 나머지 80퍼센트를 '운'이 좌우한다는 생각이 들었습니다.

프로 골퍼가 하는 라운드의 결실이 우승이나 상금이라면 아마튜어 골퍼는 흡족한 마음을 가지는 것이 라운드의 궁극적 목표라고 볼 수 있습니다. 조인(join) 골프가 아닌 이상 이미 알고 있는 마음에 맞는 지인인 경우가 많으니 동반자는 '운'을 따지기 힘들 것 같습니다. 그럼 남은 게 코스인데 프로와 달리 자신이 원하는 코스를 골라서 라운드를 하게 되니 골프장과의 궁합도 '운'이라는 변수가 적어야 맞습니다. 하지만 현실은 다릅니다. 골프장의 플레이 환경은 시스템적으로 '운'에 의지하는 방식인 경우가 많은 것 같습니다. 제 경험상 라운드 만족감을 결정하는 건 '운'이었습니다.

언제나 그렇지만 일부 초고가 프리미엄 회원제 골프장은 제외한 경우입니다. 그런 곳은 아주 예전에나 다녀보았고 요즘은 회원동반이 아니면 플레이를 할 수 없는 골프장이 어떤지는 직접 경험해 본 적이 거의 없기 때문입니다.

왜 시스템보다는 '운'이 결정적으로 작용하는지 제 개인적인 생각이라는 전제하에 말씀드려 보겠습니다.

세계 어디에도 있을 수 있지만 한국 골프장에는 더 유별나게 그날의 라운드 퀄리티를 결정해 버리는 '운', 여덟 가지를 살펴보겠습니다.

첫 번째 '운'은 〈황사 운〉입니다. 날씨만큼 그날의 골프를 좌지우지하는 것도 없는 것 같습니다. 비, 바람, 더위 같은 날씨 요인은 골프의 일부이고 누구도 어쩔 수 없는 숙명 같은 〈골프 운〉입니다. 그런데 날씨와 연관이 있지만 날씨와는 조금 다른 운이 있습니다. 〈황사 운〉입니다. 대개는 며칠 전에 황사가 찾아오는 걸 알게 되지만 현재 한국 골프장의 부킹 시스템은 임박한 취소가 불가능합니다. 더구나 당일 황사가 심해도 황사로 인한 취소를 받아주는 골프장은 많지 않은 것 같습니다. 황사가 짙은 날 골프! 뙤약볕 아래에서 땅을 파는 게 골프라는 농담 같은 이야기도 있지만 황사가 심한 날은 골프가 아니었다면 바깥출입이나 약속도 미룰 판인데 들판에 나가 4시간 넘게 걷고 공을 치며 깊은 호흡을 합니다. 생각만 해도 그런 라운드는 피하고 싶은 마음이 진해집니다. 추위도 있지만 그건 한겨울 그린이 얼어도 문을 닫지 않는 골프장과 그럼에도 골프장으로 향하는 골퍼를 가진 한국의 특징이 만든 현상이고 보편적인 라운드에서 벗어난 선택이라 '운'이 작용은 하지만 언제나 누구나에게 적용되는 '운'과의 연계성이 조금 적어 보입니다.

두 번째는 〈캐디 운〉입니다. 거의 대부분의 골프장에서 캐디를 동반할 것인지 아닌지에 대한 선택권이 없는 한국 골프장의 특별함 때문에 발생하는 한국형 〈골프 운〉입니다. 노동 강도와 시간에 비해 캐디피가 비싼 건 사실이지만 감정노동자에 속하다 보니 번아웃이 올 수도 있고 그래서인지 캐디 구인난을 겪고 있다는 뉴스가 종종 보도됩니다. 캐디를 해보지 않으면 알 수 없는 여러 가지 이유로, 쉽지 않은 직업이란 걸 미루어 짐작해 볼 수 있습니다.

경력이 많거나 일정한 금액을 모은 훌륭한 캐디들이 전업을 하는 경우가 많고 새로 캐디일을 시작한 사람들도 오래 버티질 못하다 보니 경력이 짧은 캐디들이 많아질 수밖에 없는 현실인 것 같습니다. 결론적으로 어떤 캐디를 만나는 가가 예전보다 훨씬 더 큰 편차를 보이는 것 같습니다. 그래서겠죠. 특별히 잘 하지 않는 캐디를 만나도 다행이다라는 생각이 듭니다. 그리고 '운'이 없으면 아쉬움을 넘어서서 마음이나 기분이 편치 않게 되는 캐디를 만나는 경우도 발생하는 것 같습니다. 물론 너무나 훌륭하고 인간적인 캐디도 만나지만요.

세 번째는 〈그린 운〉입니다. 미국 같은 경우 홈페이지 공지에 에어레이션 예정 날짜를 미리 공지해서 〈골프 운〉을 보장해주는 골프장이 많습니다. 물론 한국 골프장에도 그런 곳이 있지만 안 그런 곳도 많은 것 같습니다. 골프장 이용료를 그린피로 부르는 이유를 굳이 끌고 오지 않아도 에어레이션을 한 그린에서의 퍼팅은 골프의 재미와 스코어의 절반을 차지하는 그린플레이의 만족감을 현저히 떨어트립니다. 주말요금과 주중 요금이 엄청나게 차이가 나는 게 합리적인 결정이라면 에어레이션을 한 다음날의 그린피와 그린이 최상, 혹은 성성일 때의 그린피는 왜 차등이 없는지 이유가 궁금해집니다.

네 번째는 〈티잉에어리어 운〉입니다. 〈그린 운〉보다는 타격이 적지만 모래로 덮였거나 잔디가 죽어 누런 티잉에어리어에 올라서며 기분이 흔쾌해지는 골퍼는 없을 겁니다. 더구나 딱딱한 인공매트, 그것도 손바닥만 한 매트가 깔린 티박스에서 티샷을 이어가는 경우 만족감은 정말 멀찍이 달아납니다. 그리고 라운드 시간을 줄여 한 팀이라도 더 받으려는지 오직 화이트 티 하나만 열려있고 극심하게 앞으로 당겨진 티잉에어리어는 각기 고유한 홀들의 매력을 뭉텅 잘라내는 것 같아 씁쓸합니다.

다섯 번째는 〈대기시간 운〉입니다. 1부 첫 팀으로 나가면 첫 팀이니 빨리 빼주길 바랍니다. 그런데 진행이 빠를 경우 전반이 끝나고 거의 한 시간을 기다려야 하는 경우가 종종 있더군요. 시스템이 좋다면 전반이 끝날 때쯤에는 반대편으로 나가는 팀도 끝이 나거나 반대편으로 나가는 팀의 티타임 사이가 비어 있어야 합니다. '운'이 좋아 티타임이 비지 않는다면 최소 30분은 기다려야 하는 티타임 운영은 최고의 영업이익을 구가하는 한국 골프장들의 전략적 판단 덕분인 것 같습니다.

여섯 번째는 〈캔슬 운〉입니다. 웬만한 비 예보가 있어도 골프장에 도착한 후에야 캔슬을 받아주는 골프장. 어떻게든 가능하면 공을 치기 바라는 게 우리 골퍼들의 공통된 미음인데도 출발하기 전에 비가 쏟아지는 '운'이 필요한 시스템. 모든 건 생각하기 나름이니 비 오는 날 고속도로를 달려 클럽하우스에라도 들어갔다 나오는 행운을 제공하는 시스템에 감사해야 하는 건지 가끔 헷갈리기도 합니다.

일곱 번째는 〈그린피 운〉입니다. 항공권이나 숙박등 대개의 상거래는 미리 예약을 할수록 가격이 착한 경우가 많습니다. 미리미리 부킹을 해 놓았는데 전날 우연히 본 할인티 사이트에 비슷한 티타임대가 훨씬 싼 가격에 나와있는 걸 발견하는 '불운'을 겪은 적이 있습니다. 골프장에 전화를 했습니다. 기존 티타임을 캔슬하고 새롭게 나온 티타임을 잡겠다고 했지만 불가능하다는 답변을 받았습니다. 라운드 전날 그런 착한 그린피가 있다는 걸 모르는 '운'이 없었고 결과적으로 그날 라운드는 무척 아쉽고 불만족스러웠던 기억이 있습니다.

여덟 번째는 〈오늘도 무사히 운〉입니다. 한국 골프장은 거의 대부분이 파 72입니다. 그런데 그중에는 여유 있게 파 72가 들어서기에는 너무 좁은 면적에 만들어진 코스도 있는 것 같습니다. 바짝 붙어 있고 그물이나 나무가 심어져 있지만 옆 홀에서 얼마든지 골프공이 넘어올 수 있는 홀은 확률은 낮지만 목숨을 걸고 라운드를 하는 셈입니다.

20대 후반, 뉴욕에서 생전 처음 로또를 2-3번 사본 후 로또의 꿈을 접었습니다. 다른 사람들은 꽝이 나도 숫자 2개는 맞고 가끔 새로운 로또로 바꿀 수 있는 숫자 3개가 맞는 경우가 많은데 저는 딱 1개만 맞더군요. 그때 절감했습니다. 아... 나는 운이 정말 없구나. 운에 기대면 안 되겠구나.

그런데 골프를 치며 참 운이 좋다는 생각을 하게 되었습니다. 멋진 샷, 넉넉한 베풂, 따뜻한 인간애, 그리고 삶에 대한 철학을 골프를 통해 많이 접할 수 있었기 때문입니다. 물론 그에 더해 그린피와 캐디피가 요즘의 절반 이하였던 때, 매트 티박스도 드물었던 훌륭한 골프장에서 '운' 좋은 골프를 많이 칠 수 있었기 때문입니다.

하지만 요즘 예전 로또를 사며 들던 생각이 다시 듭니다. 한국 골프장의 시스템이 허용하는 운을 기대하는 것이 마치 로또를 사는 것 같은 느낌이 들기 때문입니다. 로또의 확률을 가진

'운'에는 오래 많이 기댈수록 마음이 허해지기 때문입니다. 문화와 경제상황이 어울리기도 하고 싸우기도 하며 태어나는 것 같은 '운'. 요즘은 라운드를 최대한 자제하고 '운'이 보장된 골프장에서만 아주 가끔 라운드를 하며 버티고 있습니다.

언젠간 오겠죠? 한국 골프장에도 다시 '운'이 흔해지는 그날이요!

2030년 그린피?

골프에 가장 큰 영향을 미치는 한 가지를 꼽으라면 그린피라고 저는 답할 것 같습니다. 코로나로 인정사정없이 오른 그린피. 문득 2030년 그린피는 얼마나 할지, 어떤 변화가 있을지 궁금해졌습니다. 2030년 이래 봐야 겨우 6년 후이지만 한국처럼 빠르게 변화할 수 있는 나라도 많지 않으니 엄청난 변화가 일어날 수도 있을 것 같습니다. 공상소설 같은 이야기지만 2030년 그린피를 통한 한국 골프를 상상해 보았습니다.

'삐~익~ 치익~' 아마 이런 소리 기억하시는 분들 계실 겁니다. 과거 인터넷에 접속하기 위한 통과의례였다가 스타크래프트 열풍과 함께 인터넷이 보편화되며 3차 산업혁명이라 불리는 인터넷이 세상의 미래를 좌우하는 시대로 들어섰었죠. 와중에 1990년대 말 한동안 Y2K로 인해 엄청난 혼란이 일어날 수 있다는 뉴스로 세상이 도배가 된 적도 있었고 후끈한 닷컴열풍에 모든 시선이 쏠렸던 시간도 지냈습니다.

그러다 이제는 지금까지의 산업혁명에 혁명이란 말을 썼던 게 무색할 정도로 근본적인 패러다임을 바꿀 수 있는 Ai '진짜' 혁명 시대에 들어 선 게 확실해 보입니다.

Ai 시대의 가장 큰 우려는 생명윤리와 인류애입니다. 그럼에도 상상할 수 없는 크기의 표본 데이터를 가진 Ai는 정확하고 정밀한 판단이 가능하기에 기대도 큽니다. 특히 인간성이나 인류애가 작용할 필요가 없는 자본주의 시스템에서는 Ai의 힘과 능력을 통한 제어와 운영의 일반화는 피할 수 없는 대세가 될 것 같습니다.

Ai란 자가학습이 가능하다는 의미를 포함하고 있습니다. 즉, 발전 속도가 상상할 수 없이 빠를 수 있다는 이야기죠. Ai에게 6년이란 시간은 인류 전체가 100년간 학습했던 양보다 훨씬 더 많은 걸 배우고 이룰 수 있는 시간이 될 수도 있습니다. 정해진 룰이 있다면 이해와 판단은 Ai에게는 너무나 쉬운 일일 것입니다.

자~! 타임머신을 타고 2030년 한국으로 가보겠습니다.

2030년 어느 골프장. 외관상으로는 코로나 이후 등장했던 키오스크들의 액정이 조금 더 커졌고 프런트에도 직원대신 Ai 로봇 3개가 보이는 걸 빼면 지금과 큰 차이가 없어 보입니다. 한 골퍼가 청소로봇으로 보이는 로봇에게 말을 거니 청소 로봇이 움직임을 멈추고 화면과 음성으로 안내를 하는 모습이 보입니다. 확실히 사람은 줄고 로봇의 대화 능력은 사람 못지않아졌네요.

클럽하우스에 도착한 차에서 내린 운전자들이 하나같이 트렁크에 실려있던 골프백을 꺼내 직접 운반로봇에 올려놓습니다. 주차를 하고 클럽하우스에 들어간 골퍼들이 핸드폰을 꺼내 키오스크에 가져다 대자 키오스크 중간에 있는 공간으로 손목시계처럼 생긴 웨어러블 Ai 시계가 툭 떨어지며 안내 목소리가 들립니다. 화면에 그 내용도 표시가 되고요.

"이 시계는 여러분의 골프장 내 위치와 동선, 라운드 중 앞 팀이나 다른 동반자의 플레이 때문에 걸리는 시간을 제외한 당신의 플레이 시간을 측정하는 Ai 시계입니다. 저희 골프장은 팀별 진행 속도와는 별개로 각 플레이어의 플레이 시간을 기준으로 그린피를 차등 적용하고 있습니다. 기준 시간은 1시간이며 1시간이 넘으면 추가 요금이 발생합니다. 추가 요금 단위는 3분입니다. 플레이 시간이 90분을 넘기면 한 달 동안 라운드가 금지됩니다. 이해히셨고 동의하시면 '네'라고 말씀해 주신 후 시계를 착용해 주십시오. 감사합니다."

"네"라고 골퍼가 말하자 화면이 바뀌며 추가 옵션 선택 화면이 나오더니 Ai 보이스가 또 들리네요.

"목욕탕, 락카, 클럽하우스 내 화장실 비데, 라운지, 단체용 개별룸을 사용하시면 추가 요금을 내시게 됩니다. 락카를 열고 닫는 순간부터 Ai시계가 자동 체크를 할 것이니 사용하실 분은 사용하신 후 라운드를 마치고 그린피와 함께 정산하시면 됩니다. 여러분이 아시다시피 본 골프장의 클럽하우스는 건축비로 350억 원이 소요되었습니다. 그에 못지않은 운영비도 소요됩니다. 그럼에도 골퍼 여러분의 그린피를 낮춰 조금 더 자주 골프를 즐기실 수 있도록 하기 위한 저희의 노력이니 여러분의 충분한 이해를 부탁드립니다. 그리고 6월부터 8월까지는 샤워만 가능하고 탕은 운영하지 않습니다. 감사합니다."

굳이 비유를 하자면 뷔페형이었던 골프장 그린피가 2030년에는 주문형으로 바뀐 것 같습니다.

클럽하우스를 나서는 골퍼 두 사람이 영수증을 보며 대화를 나누네요.
"주의야, 넌 얼마 나왔냐?"
척 보기에도 골프장에 태운 것 같은 진갈색 피부의 주의가 영수증을 자세히 들여다보며 말합니다.
"9만 8천9백 원 나왔는데?"

자본이 놀랍니다.
"뭐? 정말? 어떻게? 난 12만 원이 넘게 나왔는데."

주의가 묻습니다.
"으음... 플레이 시간이 42분이라고 나왔네. 내가 45분 이하로 연속 3번을 쳤다고 보너스 10% 할인에다. 난 락카는 안 썼고, 클럽하우스도 안 썼으니... 넌 얼마 나왔는데?"

자본이 투덜 댑니다.

"아이씨 12만 원 넘게 나왔다니까~!!!"

주의가 아차 싶었는지 자본의 어깨를 툭 친 후 자본이 들고 있던 영수증을 건네받고 들여다봅니다.

"어디 보자. 플레이 시간이 65분. 네가 루틴이 좀 길긴 실지. 근데 오늘 꽤 오래 쳤네! 우리 자본이. 그러니 추가 요금이 많이 붙는 게 당연하지. 장타가 아니라 장골이네, 우리 자본이."

주의가 괜히 더 큰 목소리로 웃음을 터트립니다. 자본이 슬쩍 열이 받은 표정을 짓습니다.

"야 근데, 이젠 비행기도 Ai가 다 처리한다며? 내년부터는 짐과 몸무게를 다 재서 그 합산으로 항공권 요금이 책정된다며? 한편 일리가 있지. 그동안 짐은 1kg만 넘어도 추가 요금을 내야 했는데 몸무게 차이는 무시하는 게 자본주의적인 관점에서는 합리적이지 않았어. 하지만 그래도 너무 한 거 아냐?"

주의의 눈썹이 살짝 8자 눈썹이 되며 머쓱한 표정을 짓습니다.

"글쎄, 아주 오래전부터 고속도로 통행료 같은 건 대형차가 훨씬 더 비싸게 냈잖아. 그 이유는 차가 무거우면 그만큼 도로는 파손되기 쉽고 결국 그걸 보수하는데 드는 비용을 마련해야 하는데 가벼운 차와 무거운 차가 같은 요금을 받은 건 합리적이지 않잖아. 왜 그건 괜찮고? 무거울수록 항공유를 많이 써야 나는 비행기는 무게를 포함한 요금제가 합리적인데도 쉽게 받아들이지 못하는 거지?"

주의가 아파트 이야기도 마저 하려다 괜히 자본이만 열받을 거 같아 혼잣말처럼 화제를 넓힙니다.

"그래도 몇 년 전만 해도 라운드 한번 하려면 30만 원은 들었는데 경기가 이렇게 나빠졌지만 Ai 덕분에 이젠 잘하면 10만 원 안쪽으로 칠 수 있으니 분명 고마운 일이고 잘된 거 같기는 해. 그런데 Ai 덕분에 우리 삶은 더 행복해지고 있고 세상은 더 바람직한 방향으로 가고 있는 걸까?"

조인 골프 삼국지

2시간 조금 더 걸려 충남 부여에 있는 롯데스카이힐 CC에 도착했습니다. 일찌감치 도착해 어슬렁 거리다 백을 싣고 올라와 대기하는 카트가 보이는 로비 한쪽 소파에 앉았습니다. 아내와 날씨이야기를 하고 있는데 옆으로 나란한 소파에 여자 두 분이 앉으셨습니다. 혹시 호스트일지도 모른다는 생각에 살펴보았지만 너무 젊은 분이었습니다. 호스트분의 전화번호로 카톡 친추를 하고 카톡에 공개된 사진에서 약간의 힌트를 얻은 상태였거든요.

그런데 그 젊은 분이 말을 걸어왔습니다.
"혹시 오늘 조인하시는…."
"아~! 네, 안녕하세요."

'이렇게 젊은 분이었나?' 싶어 놀라며 시선을 마주쳤습니다. 맑고 큰 눈에 선입견이나 어색함 대신 환대의 마음이 넘실거렸습니다. 여자 두 명이라 조인이 쉽지 않았다는 말을 하며 에코백에서 블랙커피와 밀크 커피 두 개를 꺼내 건네주셨습니다. "이런... 저희는 아무것도 준비하지 못했는데요.."라며 평소보다 훨씬 더 고마운 마음으로 받았습니다.

동네에서 골프로 만난 언니 동생 관계라는 이야기를 듣다 보니 티오프 시간이 임박했고, 두 분과 저희 부부는 밖으로 나가 다섯번째 동반자인 캐디와 반가운 인사를 나누었습니다. 아직은 햇살이 겨울의 코트를 벗기지 못했지만 후반엔 충분히 따뜻할 거란 소망을 나누며 1번 홀로 향했습니다.

...

지구상에서 가장 골프를 좋아하는 나라는 어느 나라일까요? 아마 한국, 일본, 미국 중에 한 나라 일 것 같습니다. 열정으로 보면 한국은 장비일 것 같고 미국은 조자룡, 일본은 조조 같은 느낌이 듭니다. 물론 90년 초 버블이 꺼지기 전 일본의 골프는 삼국지 최고의 무력을 자랑하는 여포처럼 비교불가했고요.

세 나라 모두 국민 스포츠에 가까울 정도로 인기가 있는 골프지만 세부적으로 들여다보면 세 나라의 골프는 많이 다릅니다. 특히 동반자 혹은 그룹멤버를 구성하는 방식에서 큰 차이를 보입니다. 한마디로 미국은 〈현장재량형〉, 일본은 〈시스템 예약형〉, 한국은 〈개인역량형〉이라고 표현할 수 있습니다.

보안관의 미국, 윈도우 운영체제가 대세인데 자신들만의 OS를 끝끝내 고집하던 일본, 개인이 뛰어나 부자가 된 한국의 특징을 보여주는 것 같기도 합니다. 저만의 과장된 느낌일까요?

동반자나 플레이 그룹이 만들어지지 않았을 때 일어나는 모르는 사람들과의 조인 골프를 치게 됩니다. 친구나 가족, 혹은 지인들로 동반자 구성이 이루어지는 방식은 어느 나라 건 큰 차이가 없습니다.

우선 미국입니다.
조인은 주로 퍼블릭 골프장에서 흔합니다. 혼자 혹은 두 명이 골프를 치고 싶을 때 골프장에 전화를 겁니다. 대개는 자리가 있는지 묻는 골퍼의 질문과 자리가 있으니 오면 된다거나 사람이 많으니 몇 시 전에는 힘들 거다라는 골프장 직원의 답으로 통화는 끝납니다. 혼자일 경우 아예 전화도 없이 무조건 골프장으로 가기도 합니다. 예약을 했지만 안 오거나 늦게 오는 사람 대신 나갈 요량으로 백을 내립니다.

퍼블릭 코스에서 조인은 일상이고 거부할 권리는 없습니다. 다만 자기가 원하지 않는 골퍼들 같아 보이면 다음 자리가 빌 때 나가겠다고 할 수는 있지만 원수를 외나무다리에서 마주치지 않는 이상 현실에서는 거의 일어나지 않습니다. 왜냐면 기다린다고 원하는 썸을 이룬다는 보장도 없고 그것보다는 동반자에 대해 그렇게 민감하게 생각하지 않기 때문입니다. 약간 복불복이지만 때론 정말 훌륭한 매너의 골퍼와 조인이 되는 행운이 찾아오기도 하죠.

일본은 멤버십이 없는 경우 고라 라쿠텐이나 골프다이제스트 같은 사이트를 통해 예약이 가능한데 정해진 시간대에 한해 각자 조인해서 팀을 이루는 1인 예약이 가능합니다. 골프장에서 미리 티타임 몇 개를 1명씩 조인하는 골퍼들을 위해 빼놓는 거죠. 1인 조인예약을 하는 골퍼들은 간단한 자유형식의 자기소개를 합니다. 주로 핸디와 플레이 스타일 구력등을 쓰는 것 같습니다. 주말 일부 골프장을 제외하면 2명 플레이가 가능하기 때문에 2명만 돼도 조인을 할 필요가 적어집니다. 다만 2인 플레이를 할 경우 할증료금을 내야 하기 때문에 둘이서 칠 수 있는데도 그린피를 절약하기 위해 1인 골프 예약을 이용하는 경우도 있습니다.

거의 대부분 4명이 꼭 필요한 한국형 골프에서 4명을 채울 의무는 전적으로 골퍼에게 있습니다. 이미 세계를 선도하는 선진국, 한국에서 골프를 친다는 건 겉으로는 대중이지만 모두 보통사람들이 아니란 걸 골프장과 골프업계는 잘 알고 있습니다.

한국 같은 선진국에서 빈자리 나 빈 티타임이 있을까 싶어 골프장으로 가는 사람은 없습니다. 설사 빈자리가 생긴다 해도 조인을 받아 줄 확률은 거의 없습니다. 모든 게 꽉 짜인 골프에 빈틈이나 허점은 존재할 수도 없습니다. 그렇게 현장 상황에 따라 마음대로 조정하는 건 선진 골프와는 어울리지 않습니다. 그렇다고 골프장에서 조인골퍼들을 위해 티타임을 빼놓거나 조인 골프를 위한 예약 시스템을 제공하지도 않습니다. 모든 건 다 한국 골퍼를 위한 일입니다. 개개인의 역량으로 보나 수준으로 보나 한국 골퍼를 무시하면 안 되기 때문입니다.

학교 동창도 있고 동호회도 있고 동네와 직장 친구도 있지만 가끔은 골프를 치고 싶을 때 칠 사람이 없는 경우가 있습니다. 가끔은 골프장에 대한 선호도나 그린피에 대한 생각 때문에 치자고 말할 사람이 없는 경우도 생깁니다. 간혹 너무 골프가 안 될 땐 깊은 인연이 오히려 부담이 될 때도 있습니다.

그래서 찾아보면 그런 골퍼들이 모이는 인터넷 동호회와 밴드가 있습니다. 조인 글을 올리면 댓글이나 전화번호를 서로 교환하는 형식으로 조인을 진행합니다. 선진국인데도 불구하고 가끔 더 싸고 좋은 조건의 라운드가 발견되면 선약된 조인 취소를 하는 바람에 낭패를 당한 골퍼가 생겨났습니다. 그래도 캐디피 선입금 문화를 만들어 또 열심히 조인골프를 이어갑니다.

언젠가 조인골퍼가 미국이나 일본만큼 많아지면 골프산업도 조인골프의 필요성을 쳐다볼까요?

삼국이 서로 전쟁을 하는 건 아니지만 한국이 이겼으면 좋겠습니다. 조인골프는 나라가 백성인 골퍼를 얼마나 배려하고 아끼는지 헤아려 볼 수 있는 척도라는 생각이 듭니다. 국력은 건강하고 만족하는 백성의 힘에서 나올까요? 아니면 화려하고 대단한 국력을 보여주는 외형과 수치에서 나올까요?

골퍼가 편안하고 즐겁게 골프를 칠 수 있는 장치와 시스템이 결국 골프를 살리고 풍요롭게 할까요? 거대하고 고급스러운 클럽하우스와 아직도 더 올라야 하는 그린피가 골프와 골퍼를 위한 최선의 길일까요?

한국골퍼라면 캐디피와 카트피만으로도 버블의 향기가 가득한 예전 럭셔리 프리미엄 골프장을 즐길 수 있습니다. 다음에 일본 골프장을 고르실 때는 우리에겐 너무 달콤한 '버블의 향기'를 쫓아 가보시는 것도 좋은 추억을 만드는 방법이라 확신합니다. 문득 지금부터 30년 후 대한민국 골프장에서는 어떤 향기가 날지 궁금해집니다.

영원한 파티, 우뚝 선 한국골프

어떤 유명 가수가 그런 이야기를 하더군요. 젊어서 자신은 호텔 펜트하우스 같은 자신의 집에 사람들을 불러 매일 파티를 열며 시간과 열정을 불태웠다고 합니다. 하지만 어느 날 새벽 깨어나 난장판이 된 집과 자신을 돌아보게 되었고, 이후 파티는 멈추었다고 합니다.

왜 그의 이야기를 들으며 제 모습이, 아니 한국에서의 제 골프가 떠올랐는지 모릅니다. 하지만 냉장고에서 시원한 우유를 꺼내 꿀꺽꿀꺽 두 번 목 넘김을 하고 난 후 우유가 살짝 상했다는 걸 알아챘을 때처럼 순간 짙은 후회로 속이 울렁거립니다. 게울 수도 없고 입에 있던 우유를 뱉고 입을 가셔도 사라지지 않는 찝찝함처럼 쉽게 가시지 않는 불편함. 또렷한 이유를 찾고 행동으로 변화를 만들어 내고 싶은 욕망이 운전을 하다 불쑥 치밀어 오르는 순간의 분노처럼 올라왔습니다.

그 가수의 파티에는 음악과 술이 진했겠지요. 젊음과 열정을 나누고 싶은 사람들 위주로 모였으리라 추측합니다. 본능적인 욕망의 카타르시스를 위해 존재하는 것이 축제와 파티라고 생각합니다. 규모가 크고 사회적인 보편성과 문화적인 색깔을 가진 것을 축제라고 부른다면 보다 직접적인 욕망의 해소와 보다 구체적이고 개인적인 비교와 우월함을 확인하기 위한 '것'을 파티라고 부를 수 있지 않을까 싶습니다. 욕망이란 단어가 살짝 네거티브 한 느낌을 주지만 저는 욕망 자체는 문제가 전혀 없다고 생각합니다. 이슈가 있다면 구현하는 방법에 있을 테니까요.

누구나 그런 경험이 있으실 겁니다. 너무 많이 웃고 나면 드는 이유 없는 쓸쓸함. 실컷 재미있게 놀았는데 공허해지는 마음. 깨어있는 시간 내내 크게 웃어야 한다면 아마 그 사람은 오래지 않아 우울증에 빠질 거라는 건 공감하기 쉬운 상상입니다.

파티와 축제는 일상이 있어야 가치를 가집니다. 오히려 일상이 지루해야 더 빛이 날 수 있습니다. 매일이 파티인 삶은 사이드 이펙트 없이 지속될 수 없겠죠. 하루 종일 잠을 자는 사람이 단잠을 자기도, 잠이 너무 부족한 사람이 활력 있는 생활을 하기도 어렵습니다.

마음속에서 제 목소리가 들립니다.

"그래 맞아 한국 골프는 끝날 기미가 보이지 않는 축제 속에 매일 열리는 파티였어. 파티는 장소가 훌륭해야 해. 고급스러워야만 해. 일상복은 안돼. 나를 돋보이게 만들 수 있는 옷이 필요 해. 근데 장소가 고급스럽고 옷도 차려입으려면 돈을 써야 하는데? 무슨 소리야~! 파티인데. 파티에 가며 그런 말을 하는 건 맞지 않아. 특별한 날이고 시간이니까."

한국. 여러모로 눈부신 발전과 성장을 한 나라가 되었습니다. 그런 한국이 다른 나라와 비교했을 때, 그야말로 압도적인 부분을 가졌다면 어떤 무엇일까요? K-Pop일까요? 저는 조심스럽게 골프를 꼽아 봅니다. 골프의 화려함과 고급스러움에서 한국은 독보적인 나라입니다.

최소한 외형과 비용면에서는요! 골프가 일부 기득권의 전유물인 정치적 후진국을 제외하고 골프가 국민 스포츠 중의 하나로 자리매김한 나라 중 한국의 고급스러움은 압도적입니다.

현존 최강대국이고 기초통화인 달러는 마구 찍어 낼 수 있는 미국도 감히 따라 올 수가 없습니다. 현대역사상 유례를 찾아볼 수 없었던 부동산 버블의 수혜를 받고 고급스러움의 최고점을 찍었던 일본도 지금의 한국 골프 앞에선 작아질 수밖에 없습니다.

고급진 클럽하우스와 세상 어디에서도 보기 힘든 최고급 브랜드 골프웨어가 교복처럼 흔한 한국 골프. 공원 취급을 받기도 하는 태생이 생활인 미국 골프와 일상이 될 수밖에 없게 된 일본 골프에서는 이해할 수 없을 겁니다. 조금 더 세밀하게 들어가 한국 회원제 골프장들의 회원권 가격을 알게 된다면 대부분의 미국 골퍼들은 아마 외계인을 만난 것처럼 경이로워할 것이고, 일본 골퍼들은 예전 버블이 터지기 직전의 일본을 떠올리며 묘한 표정을 지을 것 같습니다. 더구나 회원권을 거액을 주고 샀지만 정작 골프장의 운영비는 회원권을 가진 회원들의 지갑에서는 나오지 않는다는 사실을 안다면 부러움에 어쩔 줄 몰라할지도 모릅니다.

전 세계 골프웨어 시장의 45%는 한국이 차지한다고 합니다. 어떤 부문을 막론하고 한국이 전 세계의 절반에 가까운 비중을 차지한다는 사실에 숨이 턱 막혀옵니다. 그 기사를 보았을 때 어떻게 그럴 수 있는지 언뜻 이해가 되지 않았습니다. 한국 골퍼의 절대적인 수가 너무 적기 때문입니다. 하지만 어느 골프장을 가도 한국 골퍼라면 누구 하나 빠짐없이 입고 있는 골프웨어의 브랜드와 가격을 떠올려보니 가능할 수도 있겠다 싶었습니다. 심하면 딱 한 번만 입는 특성까지 더하고 나니, 더 이상의 의구심은 들지 않았습니다.

한 동안 작은 깃발을 든 일본 관광객들이 전 세계를 뒤덮던 현상과 견줄만한 경이적인 현상입니다. 현재 한국 골프가 얼마나 뜨거운지, 이유가 무엇인지, 그게 정상인지 아닌지를 떠나 한국 골프웨어 시장의 크기는 고급스러움이 일반화된 한국 골프의 현재의 모습을 고스란히 드러내고 있습니다.

어떤 것이든 획일화, 보편화, 일반화가 되었다는 건 그 틀을 벗어나는 게 정말 어렵다는 뜻이기도 합니다. 획일적인 일반화는 개미지옥이 되었다는 뜻이기도 합니다. Antlion depth trap. 개미지옥의 영어 이름입니다. 유충일 때 개미나 작은 곤충을 잡아먹는 곤충에게 사자의 이름을 붙인 게 재미있습니다.

이름처럼 개미지옥에 빠진 개미가 자신의 힘으로 빠져나가는 것은 거의 불가능합니다. 아무리 열심히 벗어나려 해도 마치 내려가는 에스컬레이터를 거꾸로 오르는 것처럼 결국에는 있는 힘이 다 빠진 채 깔때기 맨 아래 꼭짓점에서 버둥거리게 됩니다. 그리고 그 순간 앤트라이온에 덥석 물린 개미는 모래 속으로 사라집니다.

골프웨어와 그린피, 부대 비용 모두 일상이 되기엔 너무 비싼 한국 골프. 매번 훌륭한 파티가 돼야만 하는 한국 골프. 영원히 끝날 것 같지 않은 축제가 당연한 나라라면 문제 될 건 없습니다. 하지만 돈이 떨어지거나 축제가 끝나기 전이라도 매일 이어지는 파티는 힘에 부칩니다. 고급이 일상이 되면 고급은 더 이상 고급의 기능을 제대로 하지도 못하지만 그보다는 파티가 돼 버리는 골프는 언제나 실망하기 쉽고 허망해지기도 쉽기 때문입니다.

현대 역사상 더 이상 빵빵할 수 없었던 일본의 버블경제. 그리고 그 수혜를 가장 많이 받은 곳 중의 하나인 일본 골프. 아마 일본인들은 그런 확신을 했을 겁니다. '축제는 영원할 것이고

파티는 매일 계속될 수밖에 없다.'

문득, 주인공 네오가 바라보던 주변 모든 것들의 형체가 사라지며 오직 녹색 코드만 흐르는 영화 매트릭스의 한 장면이 떠오릅니다. 갑자기 파티보다는 차분한 일상이 주는 만족이 그리워지네요. 너무너무 많이요.

버블의 향기

혹시 '버블의 향기'라는 표현에 담긴 의미를 아시는지요? 저는 rakutenGORA라는 일본 골프장 통합 예약 사이트에 올라와 있는 일본 골퍼들의 골프장 리뷰를 읽으며 '버블의 향기'를 처음 접했습니다. 네, 맞습니다. 네덜란드 튤립 버블과 함께 버블 하면 떠오르는 일본의 부동산 버블, 그 버블입니다.

'버블의 향기'라는 구체적 표현을 모를 때노 이미 일본 골프장에서 '버블의 향기'를 살짝 맡아본 적이 몇 번 있었습니다. 그리고 나가사키에 있는 하우스텐보스 골프장에 갔을 때 '버블의 향'이 어떤 것인지 확실하게 알게 되었습니다. 상상을 불허하는 버블경기 덕분에 태어난 호화롭고 웅장한 네덜란드 왕궁을 옮겨 온 것 같은 멋진 클럽하우스. 그러나 버블이 터지고 30년이 훌쩍 넘어가며 이제는 낡고 찌들었고 구석에라도 가면 곰팡이 냄새가 살짝 배어 나오는 것 같은 분위기를 가진 클럽하우스. 골프장 클럽하우스에서 삶이 품고 있는 서글픔을 마주한 사람처럼 마음이 짠해지는 경험을 했습니다. 일본 골프여행이 더해지며 버블의 향기는 도심에서 멀리 떨어진 리조트형 골프장일수록 진하다는 것도 차츰 알게 되었습니다.

1980년대 말부터 1990년대 중후반 사이에 개장한 골프장들은 버블 시절답게 최소 5억에서 10억 내외의 회원권 가격이 기본이 돼야 했고 더 높은 경쟁력을 위해 해외 유명 코스 디자이너들도 초청해서 코스를 설계했습니다. 클럽하우스도 큰돈을 들여 럭셔리하게 짓는 것은 너무 당연했고요. 하지만 도심에서 멀수록 버블은 더 빨리 훨씬 더 강하게 터져서인지 버블의 향기는 도심에서 멀리 떨어진 리조트형 골프장일수록 진한 것 같습니다.

그런데 신기합니다. 일본의 부동산 버블은 1990년에서 1991년 사이에 터졌는데 1992년부터 1997년 사이에 4백 개에 가까운 신규 골프장이 오픈을 합니다. 1992년 일본 골프 사상 최초로 연간 이용객 수가 1억 명을 훌쩍 넘겼고 1997년까지 세 번이나 연간 이용객 1억 명을 돌파합니다. 부동산 버블이 터진 후에도 대략 5년간 일본 골프는 사상 최고의 호황을 누린 셈입니다. 1997년에는 드디어 일본 골프장 수가 현재와 비슷한 2400개가 됩니다. 일본 골프의 거품은 딱 거기까지였습니다. 1998년부터 골프장 이용객 수는 급감합니다.

하지만 징밀 놀라운 건 2000년 대 들어선 후 2022년까지 20년 넘게 연간 이용객이 9천만 명대 이하로 떨어졌고 1995년 1370만 명이던 골프 인구가 2000년대에 들어서서는 점차 감소가 계속되었고, 2020년은 5백만 명대로 줄었는데도 2400여 개의 골프장 수가 그대로 유지된다는 점입니다. 골프장이 1800개에 불과했던 1990년에도 9천만 명이 넘었었는데 말입니다.

이유는 간단합니다. 일본 골프장은 최소한의 이용객으로 운영이 가능한 시스템으로 전환을 마쳤기 때문입니다. 살아남기 위한 노력의 결과였습니다. 호황으로 지갑이 터져 나가는 한국과는 달리 팍팍하게 운영하며 살아남기 위해 애쓰는 일본 골프장. 현재 일본 골프장들의 서바이벌 노하우는 어떻게 만들어졌을지 상상해 보았습니다.

아시는 분은 아시겠지만 일본 골프장은 1부만 운영합니다.

(물론 예외는 있습니다). 1부와 2부를 운영해도 어차피 하루에 공을 치러 올 수 있는 골퍼의 숫자는 유한하니 중간중간 티타임이 비는 2부 체제보다는 꽉 찬 1부 운영이 여러모로 유리하다는 판단을 하는 것 같습니다. 그러다 보니 (물론 계절에 따라 편차가 있지만) 아주 이른 티타임도 드물고 늦은 티타임도 드뭅니다. 역시 골프장마다 편차가 있지만 해가 긴 여름에도 오후 2시 30분 전에 전반 9홀을 마지못하면 후반 9홀로 나갈 수 없는 경우가 많습니다. 즉, 늦어도 오후 5시에는 골프장 영업을 끝낸다는 뜻입니다.

그렇다면 일본 골프장은 어떻게 1부 티타임을 채울 수 있을까요? 세상 어디건 소비자의 마음을 열 수 있는 제일 좋은 열쇠는 가성비입니다. 일본 골프장은 그린피의 스펙트럼이 넓습니다. 한마디로 거의 모든 골프장은 자신들의 수준 혹은 경쟁력에 어울리는 그린피를 책정합니다. 양심적이라기보다는 안 그러면 살아남기 힘들기 때문이겠죠.

그리고 절대적인 금액도 타깃 골퍼들의 호주머니에 맞게 낮추려는 노력을 기울입니다. 한국에서는 황금알을 낳는 참새 역할을 하는 카트피도 일본은 따로 받지 않습니다. 그린피에 포함되어 있지만 영수증에 찍힌 카트피는 0엔입니다. 즉, 골프장의 무료 서비스입니다. 캐디는 당연히 선택제이고 캐디가 아예 없는 곳이 더 많습니다. 2인도 플레이가 가능한 곳이 많습니다. 3인은 당연히 가능합니다. 약긴의 추가 요금이 있지만 플레이를 할지 말지를 결정할 정도의 금액은 아닙니다. 꼭 4명을 고집하다 빈 티타임이 생기기보다는 확실하게 티타임을 꽉 채우는 편이 더 유리하기 때문이겠죠.

1부만 운영하지만 1부를 꽉꽉 채우는 골프장에서는 점심 포함 라운드 옵션을 추천합니다. 전반 9홀을 진 후 50분 내외의 시간을 쉬며 그린피에 포함된 금액만큼의 메뉴를 골라 점심을 먹습니다. 대개는 1천엔 정도의 금액이 포함되어 있고 더 비싼 메뉴를 고르면 차액만 부담하면 됩니다. 점심시간으로 배정된 50분은 정상적으로 1부를 돌리는 시간을 50분 연장시키는 효과를 줍니다. 즉, 7분 간격으로 계산하면 대략 14팀을 더 받을 수 있다는 뜻이죠. 일본 골프의 각별한 재미 중의 하나는 9홀을 돌고 먹는 점심입니다. 왠지 느낌 상으로는 골프를 두 번 치는 그런 느낌도 들고, 여유로움도 느끼고, 또 음식맛도 대개는 좋아서 먹는 재미까지 있기 때문입니다.

그 외에도 일주일에 하루를 셀프데이로 운영하는 곳도 많고 아예 골프백은 골퍼가 내리고 싣는 시스템을 가진 곳도 많습니다. 모든 건 인건비를 절약하기 위함이고 결국 골퍼에게 최고의 가성비를 주려는 골프장의 방침 때문에 나타나는 현상입니다.

일본 골프장은 또 한 번의 큰 위기를 앞두고 있습니다. 코로나 때문에 골프 인구도 증가했다고 합니다만, 저출산과 고령화로 한층 더 플레이어가 줄어드는 것이 확실해졌고 특히 1947년부터 1949년 사이 태어난 680만 명의 단카이 세대가 75세 이상이 되는 2025년부터 골프를 그만두거나 줄이는 사람의 수가 폭발적으로 늘어날 것이기 때문입니다. 어쩌면 2025년 이후 일본은 지금보다 훨씬 더 한국 골퍼를 유입하려는 노력을 기울일지도 모릅니다.

이런저런 이유로 일본 골프장 이용료는 특히 주중 요금은 한국과는 비교가 불가능할 정도로 저렴합니다. 하지만 일본 골프장들이 아무리 노력해도 극복할 수 없는 복병이 있습니다. 바로 고속도로 통행료입니다. 조금 멀리 떨어진 골프장을 가기 위해서는 고속도로를 타야 하는데 통행료가 다른 물가, 특히 그린피에 비하면 어마어마하게 비쌉니다. 오죽하면 그린피와 고속도로 통행료가 거의 비슷하다는 이야기가 있겠습니까? 주머니가 팍팍해진 은퇴자와 평균 골퍼들은 멀리 있는 골프장을 그래서 피합니다. 버블이 터진 후 도시와 멀리 떨어진 곳의 골프장의 운영이 더 어려워진 이유 중에는 고속도로 통행료도 한몫을 하고 있습니다.

버블경기 덕분에 태어날 수 있었던 도시와 밀리 떨어진 골프장들은 이제는 오히려 중소도시 근처에 있는 전혀 프리미엄스럽지 않은 골프장 보다 싼 그린피로 플레이할 수 있게 되었습니다. 버블의 위용과 스케일이 아직 남아있는 곳. 어쩌면 한국 골프장의 미래 향기도 살짝 맡아볼 수 있는 곳. 제 경험상으로는 썩어도 준치인 곳. 삼십 년 전만 해도 부킹도 어렵고 엄청나게 비싼 그린피를 내고 간신히 구경할 수 있었던 프리미엄 골프장에서 귀한 손님 대접받으며 그것도 5만 원에 그린피와 카트, 점심까지 포함된 진정한 가성비 럭셔리 골프가 가능합니다.

한국골퍼라면 캐디피와 카트피만으로도 버블의 향기가 가득한 예전 럭셔리 프리미엄 골프장을 즐길 수 있습니다. 다음에 일본 골프장을 고르실 때는 우리에겐 너무 달콤한 '버블의 향기'를 쫓아 가보시는 것도 좋은 추억을 만드는 방법이라 확신합니다.

천국열차 매표소

클릭 몇 번에 라운드가 가능한 골프장들과 열려있는 티타임이 일목요연하게 펼쳐지고 이런저런 내 마음에 적당한 조건을 골라 일찌감치 예약하고 마음 편히 캔슬할 수 있는 그런 곳이 있다면 믿으시겠습니까? 오늘은 골프의 천국으로 가는 열차 표를 살 수 있는 곳, 천국열차 매표소 라쿠텐고라(楽天GORA)를 소개합니다.

라쿠텐고라는 일본의 통합 골프 예약 사이트인데요 현재는 외국인도 회원가입이 가능하고 예약도 가능합니다. 라쿠텐고라를 천국열차 매표소라 소개했던 이유 몇 가지를 말씀드려 보겠습니다.

[1900여 개] 어떤 광고에서는 별이 5개나 된다고 소리를 치던데요. 라쿠텐고라에서 예약 가능한 코스의 수는 1900여 개나 됩니다. 2500개 일본 전체 골프장의 70% 이상의 코스를 한 사

이트에서 예약이 가능합니다. 회원 동반이 반드시 필요한 골프장을 제외한 거의 대부분의 일본 골프장 예약이 가능한 셈입니다. 한 사이트에서 가고 싶은 지역 골프장의 모든 티타임과 조건, 할인율, 이용요금을 비교할 수 있다? 정말 꿈같은 이야기입니다.

[같은 티타임, 다른 그린피] 네, 하나의 티오프 시간에도 다양한 옵션의 예약이 가능합니다. 예를 들어 오전 10시 3분 티오프지만 5천 엔짜리도 있고 6천 엔짜리도 있고 5200엔짜리도 있을 수 있습니다. 누군가 5천 엔짜리 옵션을 선택하고 10시 3분 티오프 시간을 예약하는 순간 6천 엔짜리와 5200엔짜리 옵션에서 10시 3분 티오프는 사라집니다. 즉, 옵션과 가격을 둘러보고 마음에 드는 옵션을 먼저 선택한 후 티타임을 잡은 방법이 일반적이란 뜻입니다.

대표적인 옵션은 전반을 마치고 쉼 없이 바로 후반으로 직행하는 〈쓰루〉. 전반을 마치고 대략 50분 정도의 시간 동안 골프장에서 제공하는 식사와 휴식을 한 후 후반 플레이로 들어가는 〈식사와 휴식〉. 여성 골퍼가 한 명이라도 있으면 모든 플레이어의 이용요금이 할인되거나 여성 골퍼만 할인 요금을 적용받는 〈**여성우대**〉. 여성 골퍼 우대와 비슷한 방식이지만 골프산업의 건강한 미래를 위해서는 젊은 골퍼들의 유입이 필요하기 때문에 나온 정책인 〈39세 미만 우대〉 등이 있습니다. 물론 모든 골프장의 모든 티타임이 그렇지는 않습니다. 옵션별로 티타임이 구분되는 경우도 있습니다.

[셀프데이] 골프장에 도착해서 떠날 때까지 모든 걸 골퍼 스스로 해결하는 날을 말합니다. 일주일에 하루를 셀프데이로 운영하는 골프장도 있고 언제나 셀프데이처럼 운영하는 골프장도 있습니다. 셀프데이의 그린피는 저렴하지만 골프백을 차에서 내려 카트까지 가져가 실어야 하고 또 라운드가 끝나면 알아서 클럽을 차에 실어야 합니다. 클럽하우스의 식당이나 목욕탕도 사용이 불가능한 경우도 있습니다.

[최소 2개월, 대개는 3개월에서 4개월. 6개월 전에도 가능한 예약] 골프장마다 다르지만 넉넉한 시간을 두고 티타임을 예약할 수 있습니다.

[편리한 예약 취소] 대개의 경우 주중 예약 취소는 만 3일 전, 주말은 1주일 전에 라쿠텐고라 사이트에서 취소가 가능합니다. 이유를 선택하는 메뉴가 나오지만 어떤 이유를 클릭하건 예약 취소가 불가능한 경우는 없습니다.

[캐디?] 캐디 동반 라운드 티타임 옵션을 선택할 수 있습니다. 일반적인 방법으로 찾으면 캐디 동반 티타임을 찾는데 시간이 너무 많이 걸립니다. 대도시 근처 회원제 명문 골프장이 아니면 캐디가 아예 없다고 생각해도 무방합니다.

[다양한 추가 요금] 락카 300엔, 목욕탕 500엔, 페어웨이 카트 진입 1인당 550엔 같은 추가요금 제도가 있습니다. 물론 락카나 목욕탕 이용이 가능한 티타임을 예약하고 락카나 목욕탕을 안 쓴다고 돈을 돌려주지는 않습니다.

[외국인 예약 자동 취소] 간혹 예약을 해도 예약이 캔슬되었다는 이메일이 오는 경우가 있습니다. 지금까지 제가 경험했던 경우는 100% 한국 기업이나 개인이 골프장을 인수한 경우였습니다. 이유는 일본어가 안된다 이지만 그런 골프장에는 정작 한

국인 직원이 상주하는 경우가 대부분이었습니다. 그럼 이유는 뭘까요?

　제가 직접 묻고 대답을 들은 건 아니지만 대표적인 이유 중의 하나는 한국인이나 기업이 인수한 후 한국골퍼를 대상으로 판매한 회원권 때문으로 추측합니다. 한국에서 나름 돈을 들여 일본 골프장 회원권을 산 회원의 그린피와 라쿠텐고라에서 잡은 티타임의 그린피가 비슷하거나 오히려 더 싸다면 곤란하겠죠. 이해합니다. 한 번은 일본 교포 지인의 라쿠텐 어카운트로 예약을 하고 갔다가 라운드를 거의 포기할 뻔했던 경험도 있습니다. 프런트에 있는 한국인 직원이 어찌나 난감해하던지... 천국열차를 타도 간혹 한국인은 내리지 못할 수도 있습니다.

　한국인이라서가 아니라 라쿠텐고라는 물론 일본 골프장의 특정 골퍼에 대한 차별과 차등은 있어야 한다고 생각합니다. 일본 골프 문화로 인식되는 클럽하우스 식당에서의 탈모를 거부하는 골퍼. 손님임에도 자신의 안방처럼 큰소리로 말하고 행동하는 골퍼. 흡연구역은 아랑곳하지 않고 우르르 모여 담배를 피우는 단체 골퍼. 시간에 맞춰 취소를 못했으면 전화라도 해야 하는데 노쇼(no-show), 연락도 없이 예약 당일 골프장에 나타나지 않는 골퍼. 자신이 만든 그린 위 피치 마크를 수리하지 않는 골퍼. 벙커 정리를 하지 않는 골퍼. 그런 골퍼들을 거절하거나 차등을 두는 건 당연합니다. 그런 골퍼가 한국 사람인 경우가 얼마나 많은지는 잘 모르겠습니다.

국가와 역사를 떠나 골퍼로서 느끼는 일본 골프, 부럽습니다. 대한민국의 획일화된 골프와는 달리 다양한 조건과 옵션의 선택을 가능하게 해주는 라쿠텐고라를 가진 일본 골프. 환율 덕분에 더 가까워진 일본 골프. 들여다보면 볼수록 골퍼가 대접받는 일본 골프. 훌륭한 코스와 관리는 마치 사람이 착해야 하는 것처럼 기본인 일본 골프.

라쿠텐고라에 로그인을 할 때면 설렙니다. 골프천국으로 가는 열차를 탈 시간이 정해졌다는 뜻이니까요. 송창식의 노래에 나오는 담배가게 아가씨를 보며 두근대던 청년처럼 설렙니다. 이번에는 또 어떤 즐겁고 만족스러운 경험을 하게 될지 기대되기 때문입니다. 일본이 좋다는 이야기가 목적이 아니라는 공감이 쉽기를 바랍니다.

40대를 위하여

1990년대 초, 공사 때문이었는지 조시워싱턴 브리지를 타기 위해선 FDR(Franklin D. Roosevelt: 맨해튼의 동쪽 끝을 따라 난 강변도로)을 빠져나온 후 다시 하이웨이로 올라타야 만 했었습니다. 살짝 걸치듯 통과하는 지역이었지만 그곳이 마침 할렘이라 낮에도 긴장이 되었고 밤에는 고속도로를 벗어나기 시작하면서부터 심장 주변에 낀 성에의 날카로운 차가움이 섬뜩했었습니다.

가끔 딱 하나 있는 신호등에 걸려 서있으면, 깜깜한 밤에 차는 달랑 내차 하나뿐이고 듬성한 오렌지색 나트륨 가로등 사이 어둠에서 누군가 뛰어나올 것 같은 두려움에 침이 꼴깍꼴깍 넘어갔었습니다. 발은 언제든 엑셀을 힘껏 밟을 준비를 했습니다. 그때를 떠올리면 30년도 훨씬 더 지난 지금도 괜히 입이 마릅니다.

참 신기하죠? 그냥 아무도 없는 거리인데 할렘이 풍기는 그 두려운 기운. 그런데 할렘은 건물만 봐도 알 수 있지만 19세기까지는 부촌이었습니다. 그러다 90년대까지는 인종적 편견과 가난, 범죄의 대명사였던 할렘이 이젠 그 자리를 브롱스에 넘겨주고 꽤 괜찮은 지역이 되었다지요?

어떻게 보면 너무 단순하고 당연하고 검증된 이유가 버젓이 있는데도, 저는 시간에 따른 할렘의 변화가 참 신기합니다. 결론은 그곳에 사는 사람들이 어떤 사람, 어떤 마음인가가 차를 타고 그곳을 잠시 통과하는 사람에게도 영향을 준다는 건데. 그게 어떻게 가능한지 어떻게 그럴 수 있는지 이미 수천번, 수만번을 쳐다본 거울 속 내 얼굴을 오늘 또 마주하는 것처럼 아무리 쳐다 보아도 신기함은 지칠 생각이 없어 보입니다.

요즘 세상이 훨씬 더 각박해졌다는 이야기가 많습니다. 문득 40대 골퍼의 마음을 떠 올려 봅니다. 40대는 어느 모로 보나 사회의 중추입니다. 우리나라가 만약 선진국이 되었다면 그 위치의 유지, 성장, 혹은 퇴보를 결정짓는 핵심 세대는 40대라고 생각합니다. 선진국이라는 말은 경제적인 수치로도 결정되지만 진정한 선진국의 평가는 문화와 그곳에 사는 사람들 그 자체일 것입니다.

40대는 자산 같은 정적이고 패시브한 경제가 아닌 프로액티브하고 동적인 경제의 기득권으로 대접받았으면 좋겠습니다. 물론 그 자리를 또 30대에게 물려주겠지만요.

하지만 40대가 가장 소중하고 지지받아야 하는 세대가 돼야 한다는 생각은 경제적인 이유 때문만은 아닙니다. 미래세대의 부모이기 때문입니다. 그들을 부모로 둔 아이들이 어떻게 크는가에 따라, 어떤 사람이 되는 가에 따라 동네, 시역, 국가가 결정될 것입니다. 소득도 중요하지만 그 사람들의 성품과 행복지수가 그곳이 되니까요.

여러모로 시간이 빠듯한 40대를 위해 저는 무엇을 할 수 있을까 생각을 했습니다. 제가 그래도 이해하는 게 골프라 이런저런 생각을 해 봅니다. 30대는 아직 골프를 치는 인구가 상대적으로 적어서도 그렇습니다.

○ 주말에는 일하느라 바쁜 40대 들이 골프라도 치며 스트레스를 풀면 얼마나 좋을까?
○ 주중에도 칠 수 있는 골퍼는 40대를 위해 주말 부킹을 안 하면 어떨까?
○ 무기명 포함 회원권이 있는 골퍼는 이왕이면 40대 골퍼를 초대하고 조인해서 그들을 지지하고 응원해 주면 어떨까?
○ 골프장에서도 40대 이하는 할인을 해주면 어떨까?
○ 모든 골프장에서 지하철 임산부석처럼 40대 엄마 골퍼를 위한 티타임을 비워두면 어떨까?

미국에는 거의 모든 중, 고등학교에 골프특할반이 있습니다. 한국 같은 엘리트 운동부가 아니라 골프를 못 치는 사람에게도 문이 열려있습니다. 고등학교의 경우 워낙 일찍 끝나기 때문에 방과 후 주변 학교들과 시합을 합니다. 9홀 경기이고 잘 치는 학생들은 잘 치는 학생들끼리 못 치는 학생들은 골프를 직접 쳐 보는 기회로 활용합니다. 매주 경기가 열리고 퍼블릭과 프라이빗 코스를 두루 돌아가며 칩니다. 먼 지역으로 원정을 가기도 하고요. 경기가 있는 날 오후 티타임은 학생들 경기 때문에 일반인이나 멤버들은 공을 칠 수 없습니다. 그리고 그린피는 무료입니다. 학생이 따로 라운드를 해도 학교가 있는 지역이 골프장일 경우 골프특활반이라고 이야기하면 무료입니다. 퍼블릭일 경우 고등학생 이하 일반 학생에 대한 우대도 확실합니다.

일본과 미국에서 젊은 골퍼를 우대하는 이유는 이상적인 이유도 있지만 현실적인 이유가 또렷합니다. 골프라는 산업의 존폐가 결국 미래 세대에 달려있다는 두려움이 깔린 인식이 골프 산업 전반에 진하게 배어있기 때문입니다. 지금이야 베이비 부머 세대 골퍼가 많으니 당장은 문제가 없지만 앞으로 30년 후, 50년 후, 100년 후를 보는 거죠.

골프에서만큼은 우리나라 같은 선진국은 없는 것 같습니다. 뭘로 보나 골프 선진국인 일본과 미국은 지금 당장 문제도 없는데 미래를 걱정하고 있으니 말입니다. 골퍼가 모자라도 골프는 건강할 거고 골프장은 황금알을 낳는 거위라는 신념이 굳건한 대한민국 골프와 비교하면 참 안타깝고 처량한 미국과 일본 골프입니다. 골퍼도 그런 것 같습니다. 멋진 인생 사진을 위해서도 젊은 세대들의 선택을 받는 골프인데, 잘 치지 않아도 얼마든지 즐겁고, 얼마를 써도 가치가 있는 골프인데... 일본과 미국 사람들은 진정한 골프의 가치를 잘 모르나 봅니다.

초선진 한국 골프에서 미래를 생각하는 건 꿈속에서나 가능한 일인지도 모릅니다. 그래도 한 가지 다짐했습니다. 혹시 조인을 했는데 40대면 그늘집에서 막걸리라도 한잔 대접해야겠습니다. 40대 엄마 골퍼라면 식사라도 쏘아야겠습니다. 무엇보다 라운드 동안만이라도 그들이 스트레스를 풀 수 있게 배려해 주고 싶습니다.

40대의 골프가 조금 더 무난해진다면 골프도 사회도 조금은 더 건강해질 것이고 그 혜택은 모든 골퍼에게 돌아갈 것입니다. 그리고 먼 미래에는 또 그들도 그들의 후배 골퍼를 이해하고 배려하는 골프를 치며 그 혜택을 고스란히 돌려받게 되지 않을까요?